21 世纪高职高专能力本位型系列规划教材·工商管理系列

# ERP 沙盘模拟实训教程

主　编　钮立新
副主编　陈玲玲　杜　林



北京大学出版社
PEKING UNIVERSITY PRESS

## 内 容 简 介

本书结构清晰，内容简明，共有6个项目，14项任务。引导学生认识ERP沙盘、组建团队、接管模拟企业、实战运营、分析与评价运营结果及撰写实战分析报告。附录中给出了翔实的分角色操作的运营表格，并提供典型策略参考及参赛学生心得分享。

本书适用于参加ERP沙盘模拟实训的学生，可作为ERP沙盘模拟实训课程的教材或参考书。

**图书在版编目(CIP)数据**

ERP沙盘模拟实训教程/钮立新主编. —北京：北京大学出版社，2013.7

(21世纪高职高专能力本位型系列规划教材·工商管理系列)

ISBN 978-7-301-22697-1

Ⅰ. ①E…　Ⅱ. ①钮…　Ⅲ. ①企业管理—计算机管理系统—高等职业教育—教材　Ⅳ. ①F270.7

中国版本图书馆CIP数据核字(2013)第139503号

书　　名：ERP 沙盘模拟实训教程

著作责任者：钮立新　主编

策 划 编 辑：赖　青　李　辉

责 任 编 辑：李　辉

标 准 书 号：ISBN 978-7-301-22697-1/F·3650

出 版 发 行：北京大学出版社

地　　址：北京市海淀区成府路205号　100871

网　　址：http://www.pup.cn　新浪官方微博：@北京大学出版社

电 子 信 箱：pup_6@163.com

电　　话：邮购部62752015　发行部62750672　编辑部62750667　出版部62754962

印　刷　者：北京宏伟双华印刷有限公司

经　销　者：新华书店

787毫米×1092毫米　16开本　12.75印张　291千字

2013年7月第1版　2013年7月第1次印刷

定　　价：25.00元

# 前　言

教育部[2006]16 号文件《关于全面提高高等职业教育教学质量的若干意见》中提出，高职高专院校的人才培养模式是校企合作、工学结合，人才培养目标主要是培养面向生产、管理和服务第一线的高素质、技能性人才，人才培养模式改革的重点是教学过程的实践性、开放性和职业性。传统理论教学模式面临严重的挑战，迫切需要改革。沙盘模拟课程应运而生，其体验式的教学模式，融实践性和趣味性于一体，对于提高高职高专院校学生的复合能力、综合素质起到了十分重要的作用。同时，对目前深化高职高专院校经管类专业基础课程改革，优化课程结构，加强学生职业能力，培养创新型、应用型人才等方面起到了极大的推动作用。目前，此类课程在社会培训中也被广泛开展，并取得了较好的教学效果和社会影响。

本书基于工作过程系统化的思想，将 ERP 沙盘模拟运营过程设为 6 个项目、14 项任务，每一个任务下都列出了相应的学习目标及详细的实训内容。项目 1 对课程特色进行简单介绍，让学生理解课程实训模式；项目 2 引导建立企业并进行职能定位；项目 3 对企业初始状态进行设置；项目 4 对企业竞争规则、运营流程做了综述，通过模拟一个企业 6 年的运营过程，帮助受训者体验决策过程，感悟管理规律；项目 5 着重对企业各年度运营情况进行实战评价，并给出分析与诊断的方法；项目 6 对实训报告的撰写提出了要求并给出了示例。另外，附录中给出了企业模拟竞争中用到的表格、辅助计算工具、典型策略学生参赛心得等内容。

本书由钮立新任主编，陈玲玲、杜林任副主编。钮立新负责本书的大纲编写与统稿工作，具体分工为：项目 1、项目 2 由钮立新编写；项目 3、项目 4、项目 5 的任务 5.1 及附录由陈玲玲编写；项目 5 的任务 5.2、任务 5.3 及项目 6 由杜林编写。

由于编者水平有限，加之时间仓促，书中难免有疏漏之处，欢迎广大读者批评指正。

编　者

# 前 言

# 目　　录

# 项目1　认识ERP沙盘

# 任务 1.1

## 课 程 简 介

KECHENG JIANJIE

### 【学习目标】

（1）了解 ERP 沙盘模拟课程的特色。

（2）理解 ERP 沙盘模拟课程的组成。

### 【任务描述】

通过对 ERP 沙盘模拟课程的概念、特色和组成的了解，能够独立描述本实训开展的主要任务和实训目的。

### 【实训设备】

配套实训室、多媒体、沙盘教具。

## 【实训内容】

ERP 沙盘模拟是一种典型的体验式教学模式，实训前应首先了解 ERP 沙盘模拟课程相对于传统教学模式的特色、课程教学环节和内容。

### 1.1.1 ERP 沙盘模拟课程简介

沙盘是用沙土或其他材料做成的地形模型，根据地形图、航空照片或实地地形，按一定的比例制作。主要用以研究地形、敌情、作战方案、组织协同和军事训练等。

ERP（Enterprise Resource Planning），中文含义是企业资源计划，它代表先进的现代企业经营与管理技术。其基本思想是围绕市场竞争的需求建立企业内、外部各种资源计划，利用计算机及网络信息系统将企业内、外部各项资源的供应链加以整合，其实质是如何在企业资源有限的情况下，合理组织生产，力求做到利润最大，成本最低。

ERP 沙盘模拟是借鉴沙盘推演在军事上的成功运用和在欧美企业、学校运用的经验，依托沙盘模型（形象显示企业各项资源：资金、产品、原材料、应收账款、房产、设备、专利等）将复杂、抽象的企业经营管理理论以最直观的方式展现在受训者面前，让受训者亲身体验如何优化企业各项资源的管理理念。

ERP 沙盘模拟课程以一家生产型企业为背景，将企业运营中的战略规划、资金筹集、市场营销、产品研发、生产组织、物资采购、设备投资与改造、财务核算与管理等关键环节和流程完整地展示在沙盘上，并把企业运营所处的内外环境抽象为一系列的规则，由受训者组成相互竞争的几个模拟企业，并模拟企业 4～8 年的经营，使受训者在分析市场、制定战略、营销策划、组织生产、财务管理等一系列活动中，领悟企业科学管理的规律，培养团队意识，全面提高管理决策能力。

### 1.1.2 ERP 沙盘模拟课程特色

与传统的教学模式相比，ERP 沙盘模拟课程具有以下特色。

1. 学生主体，教师引导

与传统的课堂灌输授课方式截然不同，ERP 沙盘模拟实训中教师的角色更倾向于顾问，起引导作用。教师在实训过程中，要注重激发学生思考，引导学生结合市场环境和竞争对手情况，制定相应的策略，从而培养学生分析问题、解决问题的能力。在实训过程中，教师对学生遇到的各种问题只给予指导性的意见，最终的决策由学生自己决定。每年经营结束，教师对学生当年经营过程中存在的问题进行点评。教师在本实训中的职责主要是营造良好的课堂气氛，激发学生的学习兴趣，展示课程内容及引导学员讨论并进行运营监控。

2. 角色体验，实践性强

ERP 沙盘模拟实训把复杂、抽象的企业结构和管理模式以最直观的方式展现在学生面前，学生在虚拟的市场竞争环境中分别体验 CEO（Chief Executive Officer，总经理）、财务总监、生产总监、采购总监、营销总监等角色的工作过程。ERP 沙盘模拟实训融理论和实践于一体，集角色扮演和岗位体验于一身，学生在处理企业运营中遇到的各种问题中，体验竞争的精彩、残酷及决策的重要性，并从各种成功和失败的决策中，学习管理知识，掌握管理技巧，参悟科学的管理规律，全面提升管理能力。

3. 综合训练，内容全面

ERP 沙盘模拟实训的内容涉及战略规划、财务核算与管理、市场营销、产品研发、生产组织、物资采购、资金筹集等方面，就传统的高校课程设置和课程内容而言，本课程将经济学、基础会计、物流管理、市场营销等专业主干课程知识互相联系起来，跨越了专业壁垒和各科分隔，解决了学生将所学理论知识综合应用于实践的问题。模拟中学生会遇到企业经营中经常出现的各种典型问题，在残酷、多变的市场竞争中与企业经营风险面前，如何进行分析、制定决策，获取最后的成功，对学生来说是一种综合性的训练，能够培养和锻炼学生发现问题、分析问题和解决问题的能力。

4. 团队合作，寓教于乐

通过 ERP 沙盘模拟实训的学习，学生可以深刻体会到团队协作的重要性。团队中不同部门的人员通过在企业经营中不断地沟通与交流，能认识到部门之间相互合作的重要意义，深刻理解每个部门都要以企业总体最优为出发点，各司其职、相互协作，才能赢得竞争，实现目标。

ERP 沙盘模拟实训具有极强的对抗性，可以看做是一种具有竞赛性的教学模式，也可以说含有游戏的成分，非常受学生欢迎。游戏中各个团队既有竞争，又有合作。在抢占市场、争取客户时，双方针锋相对；在采购计划失误或产能不足时，可以与其他团队进行合作；资金不足时，积极思考解决方案；竞单时，紧张、兴奋；这些都深深吸引学员，使其沉浸其中，产生喜悦和成就感。这样一种全新的教学方法改变了过去枯燥的理论教学模式，达到轻松学习、寓教于乐的目的。

5. 全面提高综合素养

在提升学生学习兴趣，完善知识体系，强化企业管理技能学习的基础上，ERP 沙盘模拟实训有利于学生综合素养的提升。通过本课程的学习，学生能够树立共赢理念，培养系统思考和团队合作观念，保持诚信，以及提升个性与职业定位等方面的综合素质。

### 1.1.3 ERP 沙盘模拟课程组成

1. 沙盘教具

ERP 沙盘模拟教学以一套沙盘教具为载体。沙盘教具主要包括沙盘盘面 6～8 张，代表 6～8 个相互竞争的模拟企业。沙盘盘面如图 1.1 所示。

沙盘盘面按照制造企业的职能部门划分了四个职能中心，分别是营销与规划中心、生产中心、物流中心和财务中心。各职能中心覆盖了企业运营的所有关键环节：战略规划、市场营销、生产组织、采购管理、库存管理、财务管理等，是制造企业的一个缩影，具体内容分析见表 1-1（表中 M 代表百万元）。

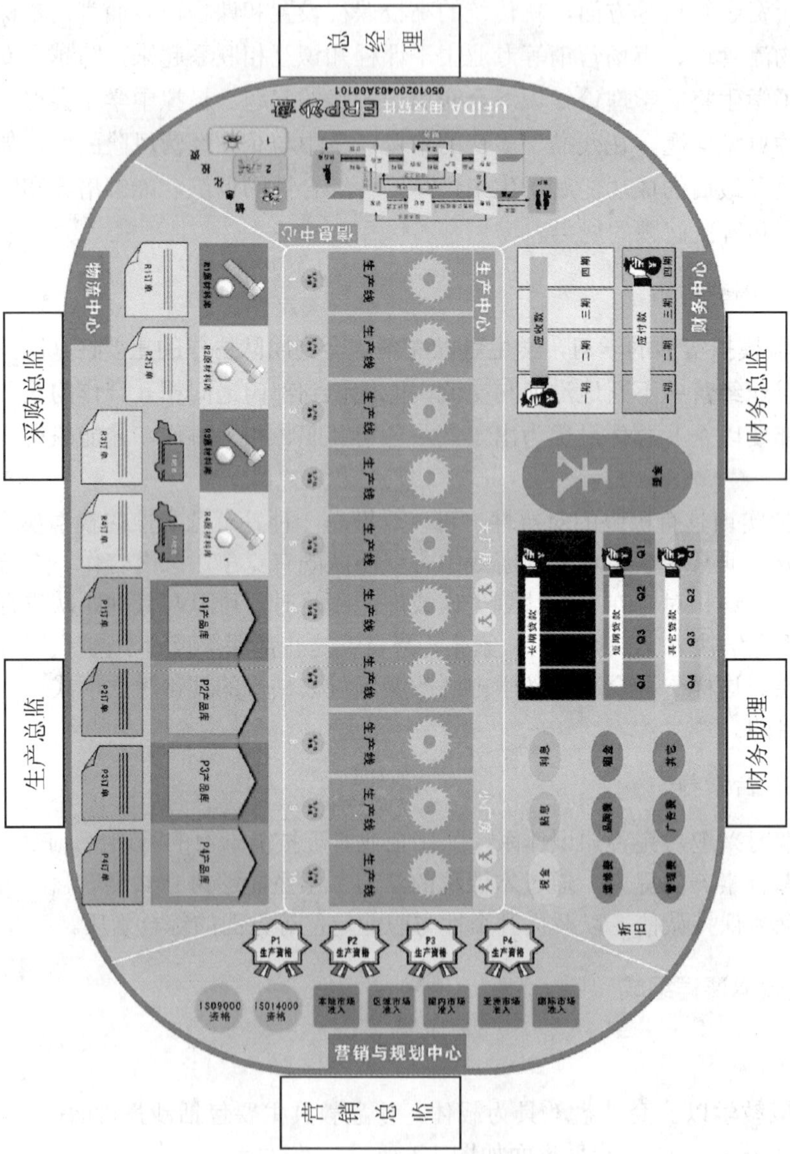


图 1.1 沙盘盘面

表 1-1　沙盘盘面说明

| 职能中心划分 | 企业运营关键环节 | 主要职能 | 简要说明 | 备注 |
|---|---|---|---|---|
| 营销与规划中心 | 战略规划市场营销 | 市场开拓规划 | 确定企业需要开发哪些市场，可供选择的有区域市场、国内市场、亚洲市场和国际市场 | 市场开拓完成换取相应的市场准入证 |
| | | 产品研发规划 | 确定企业需要研发哪些产品，可供选择的有 P2 产品、P3 产品和 P4 产品 | 产品研发完成换取相应的产品生产资格证 |
| | | ISO 认证规划 | 确定企业需要争取获得哪些国际认证，包括 ISO 9000 质量认证和 ISO 14000 环境认证 | ISO 认证完成换取相应的 ISO 资格证 |
| 生产中心 | 生产组织 | 厂房 | 共两种，沙盘盘面上设计了大厂房和小厂房，大厂房内可以建六条生产线；小厂房内可以建四条生产线 | 已购置的厂房由厂房右上角摆放的价值表示 |
| | | 生产线标识 | 共有手工生产线、半自动生产线、全自动生产线、柔性生产线，不同生产线的生产效率及灵活性不同 | 表示企业已购置的设备，设备净值在“生产净值”处显示 |
| | | 产品标识 | P1 产品、P2 产品、P3 产品和 P4 产品 | 表示企业正在生产的产品 |
| 物流中心 | 采购管理库存管理 | 采购提前期 | R1 和 R2 原材料的采购提前期为一个季度；R3 和 R4 原材料的采购提前期为两个季度 | |
| | | 原材料库存 | 共四种，分别用于存放 R1、R2、R3 和 R4 原材料，每个价值 1M | |
| | | 原材料订单 | 代表与供应商签订的订货合同，以放在原材料订单处的空桶数量表示 | |
| | | 成品库 | 分别用来存放 P1 产品、P2 产品、P3 产品和 P4 产品 | |
| 财务中心 | 会计核算财务管理 | 现金库 | 用来存放现金，现金用灰币表示，每个价值 1M | |
| | | 银行贷款 | 以放置在相应位置上的空桶表示，每桶表示 20M | 长期贷款按年，短期贷款按季度 |
| | | 应收、应付账款 | 以放置在相应位置上的桶表示 | 应收账款和应付账款都是分账期的 |
| | | 综合费用 | 将发生的各项费用置于相应的区域 | |

2. 课程主要教学环节

1）组织准备工作

组织准备工作是 ERP 沙盘模拟的首要环节。主要包括组建团队、职能定位、实战规则说明。

2）基本情况描述

对企业经营者来说，接手一个企业时，需要对企业有一个基本的了解，包括股东期望、企业目前的财务状况、市场占有率、产品、生产设施、盈利能力等。基本情况描述以企业起始年的两张主要财务报表（资产负债表和利润表）为基本资料，对企业目前的财务状况及经营成果进行分析，并对其他相关方面进行补充说明。

3）市场规则与企业运营规则

企业在一个开放的市场环境中生存，企业之间的竞争需要遵循一定的规则。主要包括市场划分与市场准入、竞单、厂房购买、出售与租赁、生产线购买、转产与维修、出售、产品生产、产品研发与 ISO 资格认证、融资贷款与贴现等方面。

4）初始状态设置

ERP 沙盘模拟不是从创建企业开始，而是接手一个已经运营了三年的企业。根据企业的基本情况，按照企业的初始资产负债表及相关状态信息，对 ERP 的初始盘面进行布置。通过初始状态设置，受训者能深刻地感觉到财务数据与企业业务的直接相关性，理解到财务数据是对企业运营情况的一种总结提炼，为今后“透过财务看经营”做好观念上的准备。

5）企业实战模拟

企业实战模拟是 ERP 沙盘模拟课程的主体部分，按企业经营年度展开。经营开始，通过发布市场预测资料，对每个市场每个产品的总体需求量、单价、发展趋势做出有效预测。每个企业组织在市场预测的基础上讨论企业战略和业务策略，在 CEO 的领导下按一定程序开展经营，做出所有重要事项的经营决策，决策的结果会从企业经营结果中得到直接体现。

6）案例解析

现场案例解析是 ERP 沙盘模拟课程的关键所在。每一年经营下来，企业管理者都要对企业的经营结果进行分析，深刻反思成在哪里？败在哪里？竞争对手情况如何？是否需要对企业战略进行调整？结合课堂整体情况，找出大家普遍困惑的情况，对现场出现的典型案例进行深层剖析，用数字说话，可以让学生感悟管理知识与管理实践之间的距离。

3．教学环节角色安排

在 ERP 沙盘模拟的各个不同阶段，结合具体任务，教师与学生扮演着不同的角色。ERP 沙盘模拟是一门以学生动手实践为主，教师讲授、指导、点评为辅的企业经营管理实训课程。课程中，学生将所学管理理论知识应用于实践，完成理论联系实际、应用于实际操作的过程；通过教师指导、点评及学生自身的体会、沉淀和总结，实现从感性认识到理性认识的飞跃。在 ERP 沙盘模拟课程中，作为教学主体的教师，其角色随着课程展开的不同阶段在发生变化，并引导课程顺利进行。具体安排见表 1-2。

**表 1-2　教学环节角色安排**

| 教学环节 | 具体任务 | 教师角色 | 学生角色 |
|---|---|---|---|
| 组织准备工作 | | 引导者 | 角色分配 |
| 基本情况描述 | | 主导者 | 企业管理者 |
| 市场规则与企业运营规则 | | 主导者 | 企业管理者 |
| 初始状态设置 | | 引导者 | 企业管理者 |
| 企业实战模拟 | 战略制定 | 信息发布者 | 总经理 |
| | 融资规划 | 股东、银行、高利贷者 | 财务总监 |
| | 订单选择 | 客户 | 营销总监 |
| | 产品生产 | 引导者 | 生产总监 |
| | 原材料订单及采购 | 供应商 | 采购总监 |
| | 流程监督 | 审计、监督者 | 总经理 |
| | 规则确认 | 咨询顾问 | 实际角色扮演者 |
| 案例解析 | | 评价家、分析家 | 每一角色扮演者 |

4．教学课时安排

建议教学课时安排见表 1-3。

表 1-3 课时安排

| 项目 | 课时分配 | | 课时合计 | 备注 |
|---|---|---|---|---|
| | 理论教学 | 实践教学 | | |
| 项目 1 认识 ERP 沙盘 | 1 | 0 | 1 | 可根据学生情况，在授课中进行适度调整 |
| 项目 2 组建企业 | 0.5 | 0.5 | 1 | |
| 项目 3 模拟企业概况 | 1 | 1 | 2 | |
| 项目 4 实战运营 | 0 | 20 | 20 | |
| 项目 5 实战评价 | 4 | 0 | 4 | |
| 项目 6 实战总结分析报告 | 2 | 0 | 2 | |
| 合计 | 8.5 | 21.5 | 30 | |

**知识链接**

## 沙盘历史背景

据说，秦在部署灭六国时，秦始皇亲自堆制沙盘研究各国地理形势，在李斯的辅佐下，派大将王翦进行统一战争。后来，秦始皇在修建陵墓时，堆塑了一个大型的地形模型。模型中不仅砌有高山、丘陵、城池等，而且还用水银模拟江河、大海，用机械装置使水银流动循环，可以说，这是最早的沙盘雏形，至今已有 2200 多年历史。

中国南朝宋范晔撰《后汉书·马援列传》已有记载：汉建武八年（公元 32 年）光武帝征伐天水、武都一带地方豪强隗嚣时，大将马援“聚米为山谷,指画形势”,使光武帝顿有“虏在吾目中矣”的感觉。

第一次世界大战以后，沙盘得到广泛应用。随着电子计算技术的发展，出现了模拟战场情况的新技术，为研究作战指挥提供了新的手段。

（资料来源：http://jn.100ye.com/msg/14902840.html.）

# 任务 1.2

## 基础准备

JICHU ZHUNBEI

### 【学习目标】

（1）了解 ERP 沙盘模拟课程知识准备和心理准备基本内容。

（2）掌握 ERP 沙盘模拟课程涉及的企业管理相关知识。

### 【任务描述】

通过对 ERP 沙盘模拟课程相关企业管理知识的学习，能够为企业后续运营打下良好的理论基础，并能够将理论应用到实际操作中。

### 【实训设备】

配套实训室、多媒体、沙盘教具。

## 【实训内容】

ERP沙盘模拟课程是一种综合性的训练，是管理知识的综合运用，也是一个斗智斗勇和博弈的过程。实训前应掌握必要的理论知识并做好面对困难、解决困难的心理准备。

### 1.2.1 ERP知识准备

在正式进入模拟经营之前，要了解ERP沙盘模拟课程主要涉及的企业管理知识。

总的来说，该课程涉及整体战略、市场营销与销售、产品研发、生产运作管理、财务管理、团队沟通与建设及决策管理等多个方面，具体内容包括以下几方面。

1．整体战略方面

（1）评估内部资源与外部环境，制定长、中、短期策略；学习确立企业核心竞争力与缔造竞争优势策略。

（2）预测市场趋势，调整既定战略；根据模拟企业发展需要，运用稳定、增长与收缩战略；确立“预则立，不预则废”的管理思想。

（3）通过模拟经营，练习使用战略分析工具和方法评估内部资源与外部环境，分析并识别市场机会。

（4）通过分析生动鲜活的现场案例，认识不同战略选择与经营业绩之间的逻辑关系，及时反思实际企业战略安排的正确性；树立为未来负责的发展观，体会经营短视的危害，从思想深处树立战略管理意识。

（5）设计适合模拟企业战略需要的组织结构与运作流程。

2．市场营销与销售方面

（1）市场开发决策，进行模拟市场细分和市场定位，制定新市场进入战略。

（2）新产品开发、产品组合与市场定位决策；运用营销组合策略谋求市场竞争优势。

（3）建立并维护市场地位，必要时做出退出市场的决策。

（4）练习使用竞争者辨识与分析技术；策划战略进攻与防御；根据模拟经营形势，灵活运用领导者、追随者、补缺者战略。

（5）通过应对市场环境的突变和竞争对手的市场攻势，培养管理者的快速应变能力和危机管理能力。

（6）模拟在市场中“短兵相接”的竞标过程，打探同行情况，抢攻市场。

3．产品研发方面

（1）产品研发决策，根据市场预测与模拟企业整体战略，制定相应的产品研发策略。

（2）学习运用产品组合策略和产品开发策略规划产品线，为模拟企业谋求稳定的利润来源，根据产品生命周期的不同阶段制定适应性战略。

（3）根据模拟企业实际经营及内外部环境的变化，必要时做出修改研发计划，甚至中断项目的决定。

4．生产运作管理方面

（1）采购订单的控制，学习以销定产、以产定购的管理思想。

（2）选择获取生产能力的方式(购买或租赁)，了解 JIT(Just In Time，准时制)的管理思想。

（3）了解库存控制与减少库存的关系；库存管理及产销配合。

（4）全面生产流程调度决策；匹配市场需求、交货期、数量及设备产能。

（5）生产线改造和建设的意义，设备更新与生产线改良。

（6）了解生产成本控制，根据销售订单的生产计划与采购计划，合理地安排采购和生产；必要时选择清偿生产能力的方式。

5. 财务管理方面

（1）制订投资计划，评估应收账款金额与回收期；预估长、短期资金需求，寻求资金来源；制定财务预算、现金流控制策略。

（2）学习预算管理，在模拟经营中按照全面预算的理论，对模拟企业的现金流进行预测，保证财务安全；掌握资金来源与用途，妥善控制成本。

（3）编制财务报表，结算投资报酬，评估决策效益；分析财务报表，掌握报表重点数据含义；运用财务指标进行内部诊断，协助管理决策。

（4）进行融资、采购、生产等环节的成本控制；洞悉资金短缺前兆，以最佳方式筹措资金；学习资源配置，协调融资、销售、生产的能力匹配。

（5）运用财务分析方法指导模拟经营决策，调整经营策略。

（6）制订销售计划和市场投入；根据市场分析和销售计划，制订生产计划和采购计划。

6. 团队沟通与建设方面

（1）通过模拟团队协作并进行角色扮演，认识团队的实质。

（2）在模拟经营中寻求团队的效率与效益来源；利用管理团队的自我调整，破解团队建设中的困惑。

（3）基于团队承诺，制订目标和行动计划，平衡资源，评价绩效。

（4）体验沟通对团队的意义；经过密集的团队沟通，充分体验交流式反馈的魅力，深刻认识建设积极向上的组织文化的重要性；实地学习如何在立场不同的各部门间沟通与协调；学习跨部门沟通与协调，提高整体绩效，树立全局意识。

（5）系统了解企业内部价值链的关系，认识到打破狭隘的部门分割、增强管理者全局意识的重要意义；培养不同部门人员的共同价值观与经营理念；建立以整体利益为导向的组织。

7. 决策管理方面

（1）学习制订融资计划、产品开发计划、固定资产投资计划、原材料采购计划、生产计划及市场开拓计划。

（2）演练每一个模拟经营环节的管理决策；验证以往形成的管理思想和方法，使自身存在的管理误区得以暴露，梳理和更新管理理念。

（3）利用期末总结进行经营反思，认清管理者对决策的误解；通过模拟经营，极大地提高洞察市场、理性决策的能力。

（4）现场运用团队决策，亲身体验群体决策的优势与劣势；在不断实践和运用中解析理性决策程序、总结模拟公司频繁发生的决策误区。

（5）通过对模拟企业战略管理与经营决策的全方位、实质性参与，加深了对企业经营的理解，有助于提高实际管理的有效性。

8．产业链价值管理

（1）通过现场案例研讨，认识产业链的价值组成和意义。

（2）运用产业链竞争原则进行产业链管理。拓展管理视角，走出内窥式管理的误区，初步树立起产业链价值分配原则，谋求有利于企业发展外部条件的管理思想。

（3）用现场的鲜活案例验证产业链价值分配均衡论。

（4）学习用价值链视角在模拟经营中谋求竞争优势，提高管理绩效。

9．系统效率方面

（1）在模拟经营过程中体会管理与效率的关系。

（2）分析业绩不良的模拟企业案例，寻找效率缺失的原因。

（3）分析绩优的模拟企业战略安排和决策特点，认识系统效率的来源。

（4）树立持续改进的管理思想，学会运用不同形式的管理方法改进组织管理绩效。

（5）在模拟经营过程中，探索组织效率改进的路径。

### 1.2.2 心理准备

在企业运营这样一艘大船上，CEO是舵手、财务总监保驾护航、营销总监冲锋陷阵……在这里，每一个角色都要以企业总体最优为出发点，各司其职，相互协作，才能赢得竞争，实现目标。

同时，在ERP沙盘模拟经营中，市场竞争是非常激烈的，也是不可避免的，但竞争并不意味着只有一方可以取胜，寻求与合作伙伴之间的双赢，才是企业发展的长久之道。尊重对手，学习领先者，是企业得以持续发展的源泉和动力。这就要求企业知己知彼，认真对市场与竞争对手进行分析，在竞争中寻求合作，企业才会有无限的发展机遇。

当然，激烈的市场竞争并不能成为作假、违规经营的借口。诚信是一个企业的立足之本、发展之本。诚信原则在ERP沙盘模拟对抗课程中体现为：盘面信息真实和对“游戏规则”的遵守，如市场竞标规则、产能计算规则、生产设备购置及转产等具体业务的处理。保持诚信是一个人、一家公司立足社会、发展自我的基本素质和要求，也是社会责任的具体体现。

在市场的残酷与企业经营风险面前，是轻言放弃还是坚持到底，这不仅是一个企业可能面临的问题，而且是在人生中需要不断抉择的问题。经营自己的人生与经营一个企业具有一定的相通性，企业经营是在挫折中不断进步的，人的成长同样如此。因此，学会管理挫折是一个管理者必须具备的基本素质。

总而言之，ERP沙盘模拟经营不仅要求具备一定的管理知识，更需要有积极的心态、坦诚的沟通，以及相互协作、互相信任和不怕失败的精神。

**知识链接**

**联想集团的经营战略**

1984年，柳传志等人以20万元人民币为启动资金，创办了中国科学院计算技术研究所新技术发展公司（联想集团前身）。经过近30年的时间，联想集团从做贸易起家，到制造计算机配套产品和整机组装，现已成为国内最大的计算机生产集团。联想集团创造出人间奇迹，其发展战略无疑是成功的。联想集团创业之初并没有一整套成型的发展战略，但是逐步摸索出了适合自己发展的道路，与其他高科技企业实施的“技、工、贸”经营战略不同，联想选择的是“贸、工、技”经营战略。

1．联想集团的发展目标和经营战略

阐明发展目标是企业制定经营战略的前提条件。联想集团在创业之初虽然没有提出可以量化的明确目标，但是经过从弱到强的演变，联想集团提出了明确的发展目标。

1995 年 11 月底，中国科学院在广东省惠州市召开了“建立产业规模，融入世界经济”的联想集团产业发展报告会，柳传志阐述了联想集团的发展目标：“我们想做一个长久性的公司，要做百年老字号，不急于一下子很出名，利润很高，然后很快就垮了，这是第一条最重要的目标；第二是我们要做一个有规模的公司，要有国际性的市场地位；第三是要做个高技术的公司，不想什么赚钱做什么。”

为了实现发展目标，必须制定经营战略。制定经营战略还必须先有制定战略的指导思想。柳传志在宣布联想集团发展目标的同时强调了联想集团制定战略的三个指导思想：一是坚决不受“做成一个产品一举成功的诱惑”；二是要发挥优势，做外国大公司所不能或不愿做的事；三是做一般小公司或短期行为的公司做不了的事。

遵循上述指导思想，联想集团逐步形成了“贸、工、技”的经营战略。所谓“贸、工、技”经营战略，即规模经销、规模制造、技术创新和高技术产业化。具体内容包括由计算机服务积累资金；进行科研攻关解决西文汉化，开发联想汉卡；以联想汉卡推动外国品牌计算机的代理销售；建立板卡生产基地，为海外计算机生产配套零部件；推出联想计算机，形成自己的计算机整机制造业，打入国际市场，逐步扩大市场份额。

2．联想集团实施经营战略的决策方法

联想集团实施贯彻自己的经营发展战略的决策方法可以概括为以贸起步，以工立足，以技争胜。

1）以贸起步

以贸起步是指联想的事业是从流通领域开始的，即先通过做贸易树立市场意识，树立用户需求导向意识，盈利后开始产品制造和研制开发。也可以说是先学会赚钱的办法，再生产盈利的产品。

2）以工立足

“工”是指计算机制造。以工立足的开端是研制、生产联想汉卡。联想集团研制成功联想汉卡之后，开始投资建设自己的板卡制造企业，直到联想系列微型计算机、激光打印机、联想天梭 16 倍光驱等相继问世，联想成为具有国际竞争力的综合性计算机制造企业。但联想要做的制造业不是传统意义上的简单生产制造一两种产品，而是首先掌握做现代企业的成熟经验，使生产自觉地适应市场需要，考虑生产与市场更好地衔接。以工立足，拥有自己的制造业，使得联想集团能够在激烈的市场竞争中坚如磐石。

3）以技争胜

“技”是指技术创新。这是联想集团谋求世界范围内的产业地位的主要法宝。也是联想集团不断发展的根本原因。

3．联想集团经营战略的实施过程

联想集团的发展壮大历程就是“贸、工、技”经营战略的具体实施过程。可以分为以下几个阶段。

1）资本原始积累

联想集团的原始积累起自各种紧缺商品的倒买倒卖，可一开始亏损的时候多，盈利的时候少。

创业之初联想人面对市场自谋生路。先要能够生存才能谋求发展。于是，他们“提篮小卖”，卖过彩电，摆过菜摊，还卖过旱冰鞋、电子表之类的小商品，极力想赚到钱，结果是赔本赚吆喝。挫折教育了他们，一心向钱看，短期行为成不了大事，先要想清楚自己能够干什么，不能干什么。

企业经营决策方面真正有所收获是在经营上四处碰壁之后。联想的创业者开始讨论到底自己能干什么和应该干什么。

2）小心谨慎地开拓海外市场

以我国香港为发展海外市场的桥头堡，创建外向型高科技企业，是联想集团的重大经营决策之一。

根据对自己的资金实力和经营经验的正确判断，联想决定“大处着眼，小处着手”，将开发海外市场的大本营放在香港，以此作为了解海外市场行情，探索经营规律，积累资金，同时搜集电子科技信息，寻求外向型电子产品开发项目的桥头堡。待条件成熟后再在海外设立产品研究开发中心。

联想开始分步骤实施海外发展战略。第一步，1988 年投资 30 万港币成立香港联想电脑有限公司；第二步，1989 年成立北京联想计算机集团公司；第三步，1993 年实现集团股票海外上市，联想海外发展战略节节告捷，步步成功，主要靠市场策略创新、措施得当。

3）跻身世界计算机企业行列

联想是“家用计算机”概念的倡导者和推广者，从 1992 年筹备并在 1993 年推出，他们给自己的家用计算机命名为“联想 1＋1”。

第一代“联想 1＋1”零售价只有三千多元，联想认为中国家用计算机迟早会普及，现在需要把计算机变简单、变便宜，变得老百姓能够接受，这才有可能启动计算机的家庭消费。而这之前，中国的计算机都是针对企业这样的用户，售价都在一万元以上。

1994 年，联想推出第二代“联想 1＋1”计算机，保持了第一代计算机易使用的特性并开发了一系列家庭用计算机软件，大幅度提升计算机配置使其高级化，价格也提高到一万多元，满足了广大消费者购买更完美商品的愿望。接下来联想不断推出新的换代计算机，确立了至今为止它在中国家用计算机市场上的绝对优势地位。

产品的优势是暂时的，创新机制的优势是长期的。联想计算机更新换代快，关键是形成了产品不断创新的机制，从技术上、组织上和资金上保证了家用计算机的新陈代谢，并且越做越好，越做越大。

### 4．实施经营战略的策略与做法

联想集团贯彻自己的经营战略，打开国内外市场，实行的是“抢棒子”策略。

联想在 1988 年以前运用“抢棒子”策略从市场上抢利润，进行资本积累。有了一定实力之后，“抢棒子”策略的核心内容由抢利润转化为既抢利润又抢市场份额。策略目标的表述年年有新变化，1990 年要抢占中国计算机行业头排交椅，1991 年要抢占头把交椅，1995 年以后提出要在世界计算机行业中榜上有名，1999 年 7 月 23 日宣布将全面进军互联网产品领域，而且目标要争取成为世界一流电子企业。

联想面向海内外市场运用“抢棒子”策略，具体做法有三个方面。

（1）产业发展方面实行“瞎子背瘸子”的优势互补策略。

（2）市场营销方面实行“汾酒质量二锅头酒价格”的高质低价策略。

（3）产品开发方面实行“杀鸡用牛刀”的重点突破策略。

### 5．联想经营战略的实施效果与启示

实施“贸、工、技”经营战略效果显著，有目共睹。联想集团现位居全国电子百强企业第一名。1998 年实现销售收入 176 亿元，其中销售联想牌电脑近 80 万台，已经连续三年居于中国市场第一，在亚大地区的市场占有率名列前茅，联想计算机的品牌价值经评估达到 58.8 亿元。另据国际数据公司（International Data Corporation，IDC）发布的统计，联想总体个人计算机销量在 1999 年第二季度的全球个人计算机市场排名中，晋升 14 强，比上季度提高 2 位，市场份额上升至 0.8%。其中台式个人计算机排名世界第 12 位，市场份额占 1%，虎视世界前 10 强。联想服务器销量增长更为显著，1998 年市场份额曾排名世界第 19 位，该季度跃升至世界第 15 位。

联想集团能够做大做强，是因为联想在贯彻战略的同时，成功地解决了因此而产生的一系列矛盾。一些破产倒闭的企业，不少经营陷于困境的企业，究其缘由，有的并不是因为目标和战略上的失误，而是不能正确地处理为实施经营战略所产生的一系列矛盾。对于这些企业，联想的经验就是启示。联想的发展壮大是经营战略的成功，也是经营决策战术上的成功。联想集团经营决策方面的经验弥足珍贵，值得借鉴。

# 项目2 组建企业

# 任务 2.1 创建团队

CHUANGJIAN TUANDUI

## 【学习目标】

（1）了解团队特征。

（2）能够树立团队合作精神。

## 【任务描述】

通过对团队基本特征的了解，能够进行团队合作，5～8 人一组，创建 6～8 个团队。

## 【实训设备】

配套实训室、多媒体、沙盘教具。

## 【实训内容】

团队建设是企业非常重要的一项工作，根据各成员专业特长，合理分工，组建一支高效的团队。

### 2.1.1 团队确定

ERP 沙盘模拟是模拟一家生产型企业，将学生按照一定的方式分成 6～8 个实力相当的模拟经营团队，每个团队由 5～8 名学生组成，并通过选举等形式，产生模拟企业的首届 CEO、财务总监、营销总监、生产总监、采购总监、财务助理及公司情报员等职位。在此基础上，注册公司名称，并结合模拟企业的初始状态及企业内外环境条件，确定企业的营销、研发、生产、采购、财务管理等经营决策，确立企业的经营决策目标。

## 知识链接

### 创业，如何给公司取个好名字

好的企业名称因其易记忆、易读、易上口、易写等特点，能给人留下深刻的记忆和美好的印象。如果名称识别有难度，名称过于复杂冗长，有生僻字，则不利于书写，不利于记忆，使人产生原始性的抵抗心理，使大众的印象产生障碍。

LUX（力士）香皂以“名”取胜就是一个很好的例子。1899 年，英国联合利华公司研制了一种新型优质的香皂，在产品进入市场的初期是失败的，原因是名字的问题，起名为“猴牌”（MONKEY），有不洁的含意，使大众产生反感。后来经过专家反复研究，采用“LUX”作为香皂名称，由于简单、易读、易认、易记忆，从此产品销售量大增，并很快进入国际市场，风靡世界。同一种品质，因有了不同的名字，在市场上的表现却有天壤之别。

对于企业来说，公司取名还特别要注意与当地的文化、经济、法律等相适应。

风靡全球的世界名牌“金利来”在初创时期本名“金狮”。一天，其创始人曾宪梓先生送两条金狮领带给一位亲戚，谁知这位亲戚并不高兴，说：“我才不戴你的领带呢，金输金输，什么都输掉了。”原来，粤语“狮”与“输”读音相近，而这位亲戚又是个爱赌马的人，香港赌马的人很多，显然很忌讳“输”字。那天晚上曾先生一夜未眠，为改“金狮”这个名字，绞尽脑汁，最后终于决定将“金狮”改为“金利来”，这个名字很快就为大家所喜爱；在现代社会里，谁不希望“金利来”呢？显然它迎合了人们图吉利、讨口彩的心理。

有些国家的商标法根据本国的风俗作了一些特殊规定，或者在习惯上忌用某些用语，因此，出口商品的品牌商标设计，应注意要和各地的社会文化传统相适应，不要违背当地的风俗习惯和各国的宗教信仰，特别是各地的忌讳。例如，我国出口的白象牌电池在东南亚各地十分畅销，因为“白象”是东南亚地区的吉祥之物，但在欧美市场上却无人问津，因为“白象”的英文“White Elephant”意思为“累赘无用、令人生厌的东西”，给人以不好的印象；我国的“蓝天”牌牙膏出口到美国，其译名“Blue Sky”含义则变成了“企业收不回来的债券”，销售无疑成了问题；在中国一般将鹿看做是快乐、活泼、长寿的象征，但在巴西等地却是“同性恋”的俗称；孔雀在东方人心目中是美丽的，但是在法国则是淫妇的别称。

国际市场上，品牌的商标设计既要符合市场国当地的法律规范，也要符合国际惯例，以便于向有关部门申请注册，取得商标专用权。而且，更重要的是要做到未雨绸缪。中国知名 IT 企业联想集团的换标一事就是一个很好的例子。

中国 IT 企业正在开始把眼光投向一个更广阔的领域，国际化不再仅仅停留在想象阶段。最能表现企业这种观念萌动的事件，无疑是联想换标。今天的联想，已经是中国 IT 企业的代表性厂商，即使是在全世界都风光无限的戴尔，在中国，它仍不得不屈尊于联想巨大的阴影之下。2003 年 4 月 28 日，联想集团在北京正式对外宣布启用集团新标识“Lenovo”，以“Lenovo”代替原有的英文标识“Legend”。对于联想为何更换原有的“Legend”英文标识，知情人士分析，早在联想注册“Legend”英文标识之前，联想“Legend”英文标识在国外至少已有十几家公司注册，联想国际品牌推广线路因此受阻。据了解，在欧洲等地区，联想的英文标识一直用的是其计算机主板“QDI”标识作为联想的英文标识。“Legend”和“QDI”两种标识的存在，很显然影响了联想品牌的传播，联想更换标识也就不难理解。而据估计，联想更换标志带来的损失约为 400 亿元人民币。

从这个角度来看，名字已不仅仅是个“记号”，更多的是内涵，是美感，是一种期望，只有内涵深刻、符合人们审美需求的名字，才能让人喜欢，也才能托举良好的品牌形象，使其走向成功。因此，为自己的公司或产品起名是须认真对待的重中之重。

（资料来源：http://xueyuan.cyzone.cn．有删改.）

### 2.1.2 团队特征

在 ERP 沙盘模拟对抗中，每个小组代表一个企业，在运营过程中，团队合作是必不可少的。团队是为了实现某一目标而由相互协作的个体组成的正式群体。现实中，高效的工作团队是每个组织或企业都希望打造和拥有的，一个高效的团队，应该具有以下特征。

1．清晰的目标

高效的团队对要达到的目标有清楚的理解，并坚信这一目标包含重大的意义和价值。而且，这种目标的重要性还激励着团队成员把个人目标升华到群体目标。在有效的团队中，成员愿意为团队目标做出承诺，清楚地知道希望他们做什么工作，以及他们怎样共同工作并实现目标。

2．相互信任

成员间相互信任是有效团队的显著特征，也就是说，每个成员对其他人的品行和能力都确信不疑。我们在日常的人际关系中都能够体会到，信任是相当脆弱的。它需要花费大量的时间去培养而又很容易被破坏。而且，只有信任他人才能换来被他人信任。所以，维持群体内的相互信任，还需要引起管理层足够的重视。

3．相关的技能

高效的团队是由一群有能力的成员组成的。他们具备实现目标所必需的技术和能力，而且相互之间有良好合作的个人品质，从而能出色完成任务。后者尤为重要，但却常常被人们忽视。有精湛技术能力的人并不一定就有处理群体内关系的高超技巧，而高效团队的成员则往往兼而有之。

4．一致的承诺

高效的团队成员对团队表现出高度的忠诚和承诺，为了能使群体获得成功，他们愿意去做任何事情，我们把这种忠诚和奉献称为一致承诺。对成功团队的研究发现，团队成员对他们的群体具有认同感，他们把自己属于该群体的身份看作自我的一个重要方面。因此，承诺一致的特征表现为对群体目标的奉献精神，愿意为实现这一目标而调动和发挥自己的最大潜能。

5. 良好的沟通

毋庸置疑，这是高效团队一个必不可少的特点。群体成员通过畅通的渠道交流信息，包括各种言语和非言语交流，此外，管理层与团队成员之间健康的信息反馈也是良好沟通的重要特征，它有助于管理者指导团队成员的行动，消除误解。高效团队中的成员能迅速而准确地了解彼此的想法和情感。

6. 谈判技能

以个体为基础进行工作设计时，员工的角色有工作说明、工作纪律、工作程序及一些其他正式或非正式文件明确规定。但对高效的团队来说，其成员角色具有灵活多变性，总在不断进行调整。这就需要成员具备充分的谈判技能。由于团队中的问题和关系时常变换，成员必须能面对和应对这种情况。

7. 恰当的领导

有效的领导者能够让团队跟随自己共同渡过最艰难的时期，因为他能为团队指明前途所在，他们向成员阐明变革的可能性，鼓舞团队成员的自信心，帮助他们更充分地了解自己的潜力。优秀的领导者不一定必须指示或控制，高效团队的领导者往往担任的是教练和后盾的角色，他们对团队提供指导和支持，但并不试图控制它。这不仅适用于自我管理团队，当授权给小组成员时，也适用于任务小组、交叉职能型的团队。对于那些习惯于传统方式的管理者来说，这种从上司到后盾的角色变换，即从发号施令到为团队服务实在是一种困难的转变。当前很多管理者已开始发现这种新型的权力共享方式的好处，或通过领导培训逐渐意识到它的益处。但现实中仍然有些脑筋死板、习惯于专制方式的管理者无法接受这种新观念，这些人应当尽快转换自己的老观念，否则将被取而代之。

8. 内部和外部的支持

要成为高效团队的最后一个必需条件就是它的支持环境。从内部条件来看，团队应拥有一个合理的基础结构。这包括适当的培训、一套易于理解的并用以评估员工总体绩效的测量系统及一个起支持作用的人力资源系统。恰当的基础结构应能够支持并强化成员行为以取得高绩效水平。从外部条件来看，管理层应给团队提供完成工作所必需的各种资源。

**知识链接**

### 西门子的团队建设

是什么造就了西门子公司（以下简称西门子）150多年的辉煌？除了高质量的产品、完善的售后服务、不断创业和创新外，高效的团队建设——人才培训被认为是西门子成功的关键。

在人才培训方面，西门子创造了独具特色的培训体系。西门子对员工进行培训的根本目标是使他们能够从容应对来自各方面的挑战。为此，西门子为员工设计了各种各样高效的培训，这些培训从内容上看，主要分为三种：①新员工培训；②大学精英培训；③员工在职培训。

1. 新员工培训

新员工培训又称第一职业培训。在德国，一般15～20岁的年轻人，如果中学毕业以后没能进入大学，要想工作，必须先在企业接受3年左右的第一职业培训。在第一职业培训期间，学生要接受双轨制教育：一周工作5天，其中3天在企业接收工作培训，另外2天在职业学校学习知识。这样，学生不仅可以在工厂学到基本技巧和技术，和伙伴们一起在日常的工作实践中学习，而且可以在职业学校接受相关基础知识教育。

通过接近实际的作业，他们的职业能力及操作能力也会得到提高。由于企业内部的培训设施基本上使用的是技术最先进的培训设施，保证了第一职业培训的高水平，因此第一职业教育证书在德国经济界享有很高的声誉。由于第一职业培训理论与实践结合，为年轻人进入企业提供了有效的保障，也深受年轻人欢迎。在德国，中学毕业生中的60%～70%接受第一职业培训，20%～30%选择上大学。

西门子早在1922年就拨专款设立了专门用于培训工人的“学徒基金”。现在公司在全球拥有60多个培训场所，如在公司总部慕尼黑设有韦尔纳·冯·西门子学院，在爱尔兰设有技术助理学院，它们都配备了最先进的设备，每年培训经费近8亿马克。目前共有10 000名学徒接受第一职业培训，大约占员工总数的5%，他们学习工商知识和技术，毕业后可以直接到生产一线工作。

在中国，西门子与北京市国际技术合作中心合作，共同建立了北京技术培训中心，西门子投资4 000万马克。合同规定，中心在合同期内负责为西门子在华建立的合资企业提供人员培训，目前该中心每年可以对800人进行培训。

第一职业培训（新员工培训）保证了员工在正式进入公司时具备很高的技术水平和职业素养，为企业的长期发展奠定了坚实的基础。

2．大学精英培训

西门子计划每年在全球接受3 000名左右的大学生，为了利用这些宝贵的人才，西门子也制订了专门的计划。

西门子注意加强与大学生的沟通，增强了对大学生的吸引力。公司同各国高校建立了密切的联系，为学生和老师安排活动，并无偿提供实习场所和教学场所，举办报告会等。1995年4月，西门子在北京成立了“高校联络处”，开始与高校建立稳定而持久的伙伴关系，加强与高校教师、学生及各院系、研究所的联系和沟通。西门子每年在重点院校颁发300多项奖学金，并为优秀学生提供毕业后在西门子求职的指导和帮助，“高校联络处”也因而被称为西门子和高校沟通的桥梁。

进入西门子的大学毕业生首先要接受综合考核，考核内容既包括专业知识，也包括实际工作能力和团队精神，公司根据考核的结果安排适当的工作岗位。此外，西门子还从大学生中选出30名精英进行专门培训，培养他们的领导能力，培训时间为10个月，分3个阶段进行。第一阶段，让他们全面熟悉企业的情况，学会从Internet上获取信息；第二阶段，让他们进入一些商务领域工作，全面熟悉本企业的产品，并加强他们的团队精神；第三阶段，将他们安排到下属企业（包括境外企业）承担具体工作，在实际工作中获取实践经验和知识技能。目前，西门子共有400多名这种“精英”，其中1/4在接受海外培训或在国外工作。大学精英培训计划为西门子储备了大量管理人员。

3．员工在职培训

西门子人才培训的第三个部分是员工在职培训。西门子认为，在世界性的竞争日益激烈的市场上，在革新、颇具灵活性和长期性的商务活动中，人是最主要的力量，知识和技术必须不断更新、换代，才能跟上商业环境及新兴技术的发展步伐，所以公司正在努力走上一个“学习型企业”之路。为此，西门子特别重视员工的在职培训，在公司每年投入的8亿马克培训费中，有60%用于员工在职培训。西门子的员工在职培训和进修主要有两种形式：西门子管理教程和西门子员工再培训计划，其中管理教程培训尤以独特和有效闻名。

（资料来源：http://www.chinavalue.net/Management．有删改．）

# 任务 2.2

## 职能定位

ZHINENG DINGWEI

### 【学习目标】

（1）了解各岗位工作职责。

（2）理解本岗位工作内容。

### 【任务描述】

通过对各岗位工作职责的描述，能结合自身特长，合理进行职能定位。

### 【实训设备】

配套实训室、多媒体、沙盘教具。

## 【实训内容】

在模拟企业中，主要有CEO、营销总监、生产总监、采购总监和财务总监等岗位，定职前，需要理解各岗位工作内容。

### 2.2.1 CEO

CEO是一个公司的舵手，对公司的发展方向和团队的协作起关键作用。在公司经营一帆风顺的时候能带领团队冷静思考，而在公司遇到挫折的时候能鼓舞大家继续前进。CEO带领团队主要完成制定发展战略，评估内外部环境，制定中、短期经营策略等工作，具体工作职责如下。

（1）竞争格局分析。

（2）经营指标确定。

（3）业务策略制定。

（4）全面预算管理。

（5）管理团队协同。

（6）企业绩效分析。

（7）业绩考评管理。

（8）管理授权与总结。

**特别提示**

在ERP沙盘模拟中，CEO要发挥最大职能。如果所带领的团队在模拟对抗中意见不一致，应由CEO做最后决定。

### 2.2.2 营销总监

市场营销的一个核心要素是将公司现有的各种资源及战略目标与市场需求有机地结合起来，这是把消费者需求和市场机会变成有利可图的公司机会的一种行之有效的手段，也是战胜竞争者谋求发展的重要工具。

通过激烈的模拟市场竞争，以及模拟市场的调查与预测，营销总监要辨认细分市场，选择目标市场，学会竞争分析、资源分配、整合营销策划和实施。制订以市场为导向的业务战略计划，认识到营销战略对于经营业绩的决定性作用，体验内部营销和外部营销的关系。深刻领悟企业综合竞争能力的来源，理解客户终身价值的意义，从注重产品与推销转变为注重客户满意。随着市场竞争的加剧，哪家公司能最好地选择目标市场，并为目标市场制定相应的市场营销组合战略，哪家公司就是竞争中的赢家。

在ERP沙盘模拟中营销总监主要有以下任务。

（1）制定广告方案。营销总监根据市场预测情况进行各个产品和地区的广告投放，在广告投放完毕后，营销总监向财务总监申请所投放的广告费总额放到“广告费用”区域处。同时注意每个市场的订单是有限的，并不是投放广告就能得到订单。

（2）参加竞单。根据各个地区的市场地位及广告投入的高低情况进行选单，并根据订单卡片中市场、产品名称、产品数量、单价、订单价值总额、账期、特殊要求等要素构成进行综合选单。营销总监将获得的订单按照产品类别分别放到ERP沙盘中的相应产品订单区域处。

（3）按单交货。营销总监检查各成品库中的成品数量是否满足客户订单要求，满足则按照客户订单交付约定数量的产品给客户。如果是加急订单必须在第一季度交货，否则将罚款本张订单货款的 25%；如果在本年获得的订单不能在本年内交货，也将罚款本张订单货款的 25%。在 ERP 沙盘操作中，若订单为 0 账期，营销总监直接将现金置于“现金库”，并提示财务总监做好现金收支记录；若为应收账款，营销总监将现金置于“应收账款”相应账期处。

（4）市场开拓/ISO 资格认证。营销总监根据有关市场规则及市场预测在每年的年末进行市场开拓决策，营销总监向财务总监申请开拓市场的现金，放置在要开拓的市场区域，并提示财务助理配合做好现金支出记录。营销总监向财务总监申请 ISO 资格认证的现金，并放置在要认证的区域，同时提示财务助理配合做好现金支出记录。

### 2.2.3 生产总监

ERP 沙盘实战模拟课程真实再现一个制造型企业管理的完整流程，包括物流、资金流和信息流的协同，理解企业实际运作中各个部门和管理人员的相互配合。生产总监要进行产品研发、生产、库存、产销排程、成本控制、合理开支、JIT 生产等的应用和协调。

在 ERP 沙盘模拟中，该职位主要有以下任务。

（1）产品研发投资。按照年初制订的产品研发计划，在产品研发的相应规则下，生产总监进行相应产品的研发投资决策，并根据模拟企业的实际，进行多产品组合或单产品研发，在此基础上，考虑持续或间断研发。同时向财务总监申请研发资金，放置于相应的“产品研发”区域处，并提示财务总监做好现金收支处理。

（2）更新生产完工入库。生产总监将各生产线上的在制品向前推进一格，并把完工的产品放置于相应的产品库区域处。

（3）购买、更新、转产生产线。生产总监根据生产线投资决策向供应商购买所需的生产线，并按照生产线购买价格及安装周期把每期的安装费用放置于相应的生产线区域处，生产线安装完成就可以使用了；生产总监根据转产决策将转产产品标识换成新产品的标识，并按照相应生产线的转产周期及转产费用进行相应的转产处理，同时把每期的转产费用放置于相应的转产费区域处；生产总监将不使用的产品线卖掉，并根据相应规则，将卖掉的生产线交给买家，并将取得的相应收入放入现金区、折旧区（如果折旧没有提足）及其他费用（如果卖价小于净值）区域处。

（4）开始新的生产。生产总监根据产品结构到仓库领用相应原材料，财务总监支付工人的加工费，将原材料、加工费放入小桶中，放置于生产线上第一个生产周期处。

（5）支付设备维护费。生产总监从财务总监处取相应现金置于沙盘上的“维护费”处，并提示财务总监做好现金收支记录。

### 2.2.4 采购总监

在现代制造业经营中，供应链管理和物流管理已经成为公司核心竞争力构成的重要因素。采购总监主要完成如下工作。

（1）编制采购计划。

（2）供应商谈判，签订采购合同。

（3）监控采购过程，到货验收。

（4）采购支付抉择。

（5）仓储管理。

（6）与财务部协调，与生产部协同。

在ERP沙盘模拟中，该职位主要有以下任务。

（1）接受并支付已定购的货物。货物到达企业时，采购总监必须照单全收，并按规定支付原材料费或计入应付账款。

（2）下原材料订单计划。根据原材料采购提前期要求，采购总监合理安排好原材料采购计划，主要包括采购的原材料类型、数量及订购时间等。

### 2.2.5 财务总监

财务总监要了解企业的“钱”途，要学会“财眼”看世界，掌握财务管理技能和方法，具备成本意识和与各部门的沟通技巧，并在决策和管理过程中自觉考虑财务因素。

财务总监主要完成如下工作。

（1）日常财务记账和登账、日常现金管理、现金流的管理与控制、资金调度与风险管理、财务制度与风险管理。

（2）向税务部门报税。

（3）提供财务报表、财务分析与协助决策、制订投资计划、评估回收周期、结算投资收益、评估决策效益。

（4）运用财务指标进行财务分析和内部诊断，协助管理决策。

（5）企业融资策略的制定。

（6）成本费用控制。

在ERP沙盘模拟中，该职位主要有以下任务。

（1）支付税金。财务总监按照上一年度利润表的“所得税”（或资产负债表中的应交税金）一项的数值取出相应的现金放置于沙盘上的“税金”处并做好现金收支记录。

（2）短期贷款支付利息。财务总监根据营运资金的决策或预算，进行短期贷款融资，并对已有的短期贷款进行更新（即将表示短贷的空桶向现金方向移动一格，如果移至现金库时，表示短期贷款已到期），如果短期贷款已到期，要进行相应的还本付息操作，并把相应的短贷本金偿还给银行，利息放置于“利息费用”区域处。

（3）更新应收账款/归还应付账款。财务总监将应收账款向现金库方向推进一格，到达现金库时即成为现金，并做好现金收支记录；同时，将应付账款向现金库方向推进一格。到达现金库时，从现金库中取现金付清应付账款并做好现金收支记录。

（4）支付行政管理费。管理费用是企业为了维持运营发放的管理人员工资、差旅费、招待费等。财务总监每个季度取出相应的现金摆放在“管理费”处，并做好现金收支处理。

（5）长期贷款。长期贷款主要包括更新、支付利息及申请等业务。如果企业有长期贷款，财务总监将空桶向现金库方向移动一格，并从现金库中取出长期借款的利息置于“利息”区域处，并做好现金收支记录；当移至现金库时，表示长期贷款到期，财务总监从现金库中取出现金归还本金，并做好现金收支记录。同时，财务总监根据融资规则及融资决策，在每年年末从银行申请相应的长期贷款金额，并把贷款放置于现金库区域，同时把表示相应数量的长期贷款的空桶放置于长期贷款相应的账期处。

（6）购买（或租赁）厂房。财务总监根据相应的投资决策及规则，决定是购买还是租赁厂房。如果购买，财务总监取出与厂房价值相等的现金置于沙盘上的“厂房价值”处；如果租赁，财务总监取出与厂房租金相等的现金置于沙盘上的“租金”处，并做好相应的现金收支记录。

（7）折旧。财务总监根据折旧规则从生产线净值处中取出折旧费放置于沙盘上的“折旧”处。

（8）关账。经营一年以后，年终要做一次盘点，编制利润表和资产负债表。

**特别提示**

如果班级人数较多，在指定了 CEO、营销总监、生产总监、采购总监、财务总监之后，可以增加财务助理、公司情报员等角色。

对于有实践经验的学员来说，可以选择与实际任职不同的职位，以体验换位思考。

另外，在课程进行的不同阶段，也可以互换角色，以熟悉不同职位的工作及流程。

**知识链接**

1. 财务助理

财务助理主要协助财务总监完成以下工作。

（1）日常现金收支管理。

（2）定期审核企业经营状况。

（3）核算企业经营成果。

（4）制定预算。

（5）对成本数据进行分类和分析。

2. 公司情报员

在 ERP 沙盘模拟中，该职位主要有以下任务。

（1）对模拟企业竞争对手的市场开拓、产品研发、生产线情况、ISO 资格认证等情报进行收集。

（2）整理与分析竞争对手情报信息，为企业经营管理者提供决策支持。

# 项目 3　模拟企业概况

# 任务 3.1

# 企业介绍

QIYE JIESHAO

## 【学习目标】

（1）了解模拟企业概况。

（2）能独立分析模拟企业存在的问题。

## 【任务描述】

通过对模拟企业基本情况的了解，结合模拟企业财务报表，分析模拟企业存在的问题。

## 【实训设备】

配套实训室、多媒体、沙盘教具。

## 【实训内容】

各组学员将要接手一个经营了三年的生产制造型企业，新的管理团队必须了解企业的基本情况，才能更好地进行管理。

### 3.1.1 模拟企业基本情况

本模拟企业是一个典型的制造企业，已创建三年，长期以来专注于某行业 P 类产品的生产与经营，目前拥有自主厂房——大厂房，并建设三条手工生产线，一条半自动生产线，运行状态良好。最近一家权威机构对该行业的发展前景进行了预测，认为 P 产品将会从目前的相对低水平发展为一个高技术产品。为了更好地适应市场发展的需要，根据公司目前状况，公司董事会及全体股东决定将企业交给一批优秀的新人去发展，并对新的管理层提出以下希望。

（1）投资新产品的开发，使公司的市场地位得到进一步提升。

（2）开发本地市场以外的其他新市场，进一步拓展市场领域。

（3）扩大生产规模，采用现代化生产手段，努力提高生产效率。

总之，随着 P 类产品从低水平发展为较高水平的产品，新的管理层必须要创新经营，专注经营，才能完成公司董事会及全体股东的期望，实现良好的经营业绩。

### 3.1.2 模拟企业财务报表

模拟企业的相关财务报表见表 3-1 和表 3-2。

表 3-1　利润表

单位：百万元

| 项目 | 金额 |
|---|---|
| 销售收入 | 35 |
| 直接成本 | 12 |
| 毛利 | 23 |
| 综合费用 | 11 |
| 折旧前利润 | 12 |
| 折旧 | 4 |
| 支付利息前利润 | 8 |
| 财务收入/支出 | 4 |
| 额外收入/支出 | — |
| 税前利润 | 4 |
| 所得税 | 1 |
| 净利润 | 3 |

表 3-2　资产负债表

单位：百万元

| 资产 | 期初数 | 期末数 | 负债和所有者权益 | 期初数 | 期末数 |
|---|---|---|---|---|---|
| 流动资产： | | | 负债： | | |
| 现金 | 20 | | 长期负债 | 40 | |
| 应收账款 | 15 | | 短期负债 | | |
| 在制品 | 8 | | 应付账款 | | |

续表

| 资产 | 期初数 | 期末数 | 负债和所有者权益 | 期初数 | 期末数 |
|---|---|---|---|---|---|
| 成品 | 6 | | 应交税金 | 1 | |
| 原材料 | 3 | | 一年内到期的长期负债 | | |
| 流动资产合计 | 52 | | 负债合计 | 41 | |
| 固定资产： | | | 所有者权益： | | |
| 土地和建筑 | 40 | | 股东资本 | 50 | |
| 机器和设备 | 13 | | 利润留存 | 11 | |
| 在建工程 | — | | 年度净利 | 3 | |
| 固定资产合计 | 53 | | 所有者权益合计 | 64 | |
| 资产总计 | 105 | | 负债和所有者权益总计 | 105 | |

从对利润表和资产负债表的分析中可以看出，企业生产设备陈旧，产品、市场单一，企业管理层长期以来墨守成规地经营，导致企业已经缺乏必要的活力，目前虽然盈利，尚未衰败，但也近乎停滞不前。鉴于此，公司董事会及全体股东决定将企业交给一批优秀的新人去发展，他们希望新的管理团队能够把握时机，勇于创新，把企业带入全面、稳定、快速发展的阶段。

### 3.1.3 行业发展状况

在行业发展状况方面，P1 产品由于技术水平低，虽然近几年需求较旺，但未来将会逐渐下降。P2 产品是 P1 产品的技术改进版，虽然技术优势会带来一定增长，但随着新技术出现，需求会最终下降。P3、P4 为全新技术产品，发展潜力很大。根据一家权威的市场调研机构对未来 6 年各个市场需求的预测，P1 产品是目前市场上的主流技术，P2 作为对 P1 的技术改良产品，也会获得大众的认同。P3 和 P4 产品作为 P 系列产品里的高端技术产品，各个市场上对它们的认同度不尽相同，需求量和价格也会有较大差异。现以本地市场为例，进行分析。

图 3.1 中，图（a）纵坐标表示需求量，横坐标表示年数；图（b）纵坐标表示价格，横坐标表示年数，本地市场将会持续发展，客户对低端产品的需求可能下滑。伴随着需求量的减少，低端产品的价格很可能会逐步走低。后几年，随着高端产品的成熟，市场对 P3、P4 产品的需求量逐渐增大。同时随着时间的推移，客户的质量意识不断提高，后几年可能会对厂商是否通过了 ISO 9000 和 ISO 14000 资格认证有更多的要求。

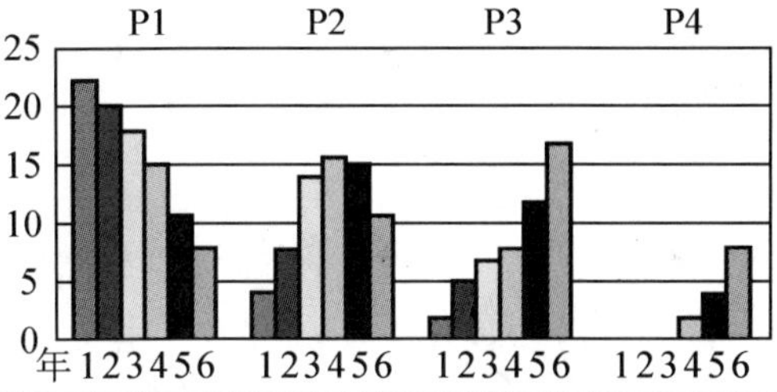


（a）需求量预测

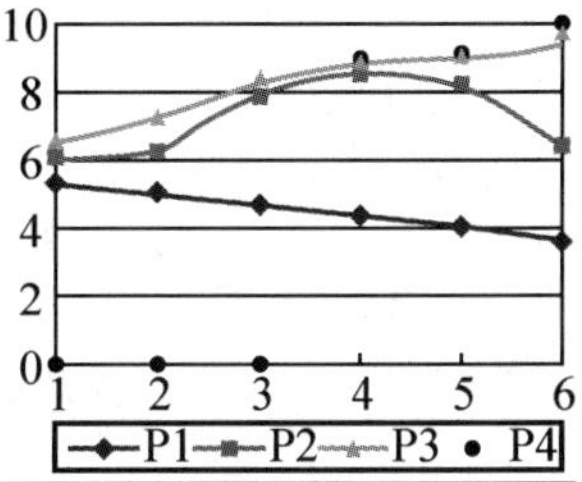

（b）价格预测

**图 3.1 本地市场 P 系列产品需求量预测及价格预测**

区域、国内、亚洲和国际等四个市场的需求预测在附录 H 中介绍，各公司需要认真分析各市场需求量及价格趋势，以作出合理的发展规划。

**【想一想】**

透过企业初始利润表和资产负债表，结合行业发展预测，简要评价企业经营状况及企业存在的困境。

# 任务 3.2

## 初始设置

CHUSHI SHEZHI

### 【学习目标】

（1）掌握企业初始状态。

（2）能运用沙盘教具，对模拟企业初始状态进行设置。

### 【任务描述】

结合企业初始资产负债表，以小组为单位，团队合作，对模拟企业初始状态进行设置。

### 【实训设备】

配套实训室、多媒体、沙盘教具。

**【实训内容】**

模拟企业总资产为 105M，其中流动资产 52M，固定资产 53M。

### 3.2.1 流动资产 52M

流动资产包括现金、应收账款、存货等，其中存货又包括成品、在制品、原材料。

（1）现金 20M。请财务总监拿出一满桶灰币（共计 20M）放置于现金库位置。

（2）应收账款 15M。为获得尽可能多的客户，企业一般采用赊销策略，即允许客户在一定期限内缴清货款而不是货到即付款。应收账款是分账期的，请财务总监拿一个空桶，装 15 个灰币，置于应收账款 3 账期位置。

**特别提示**

账期的单位为季度（Quenter,后文各表中统一用Q 表示账期或季度）。离现金库最近的为 1 账期，最远的为 4 账期。

（3）成品 6M。P1 成品库中有三个成品，每个成品同样由一个 R1 原材料费 1M 和人工费 1M 构成。由生产总监、采购总监与财务总监配合制作三个 P1 成品并摆放到 P1 的成品库中。

（4）在制品 8M。在制品是指处于加工过程中，尚未完工入库的产品。大厂房中有三条手工生产线、一条半自动生产线，每条生产线上各有一个 P1 产品。手工生产线有三个生产周期，靠近原材料库的为第一周期，三条手工生产线上的三个 P1 在制品分别位于第一、第二、第三周期。半自动生产线有两个生产周期，P1 在制品位于第一周期。

每个 P1 产品成本由两部分构成：R1 原材料费 1M 和人工费 1M，取一个空桶放置一个 R1 原材料（红色彩币）和一个人工费（灰币）构成一个 P1 产品。由生产总监、采购总监与财务总监配合制作四个 P1 在制品并摆放到生产线上的相应位置。

（5）原材料 3M。R1 原材料库中有三个原材料，每个价值 1M。由采购总监取三个空桶，每个空桶中分别放置一个 R1 原材料，并摆放到“R1 原材料库”。

除以上需要明确表示的价值之外，还有已向供应商发出的采购订货，预订 R1 原材料两个，采购总监将两个空桶放置到“R1 原材料订单”处。

### 3.2.2 固定资产 53M

固定资产包括土地、厂房及生产设施等。

（1）大厂房 40M。企业拥有自主厂房——大厂房，价值 40M。请财务总监将等值资金用桶装好放置于“大厂房价值”处。

（2）设备价值 13M。企业创办三年来，已购置了三条手工生产线和一条半自动生产线，扣除折旧，目前手工生产线账面价值为 3M，半自动生产线账面价值为 4M。请财务总监取四个空桶，分别置入 3M、3M、3M、4M，并放置于生产线下方的“生产线净值”处。

（3）在建工程。目前，企业没有在建工程，即没有新生产线的投入或改建。

### 3.2.3 负债 41M

负债包括短期负债、长期负债及各项应付账款。

（1）长期负债 40M。企业有 40M 长期借款，分别于长期借款第 4 年和第 5 年到期。我们约定每个空桶代表 20M，请财务总监将两个空桶分别置于第 4 年和第 5 年位置。

**特别提示**

对长期借款来说，沙盘上的纵列代表年度，离现金库最近的为第 1 年，以此类推。对短期借款来说，沙盘上的纵列代表季度，离现金库最近的为第 1 季度。如果以高利贷方式融资，可用倒置的空桶表示，放置于“短期借款”处。

（2）应交税金 1M。企业上一年税前利润 4M，按规定需交纳 1M 税金。税金是下一年度交纳，此时没有对应操作。

### 3.2.4 所有者权益

所有者权益是指企业所有者对企业净资产的要求权，在数量上等于企业全部资产减去全部负债后的余额，这可以通过对会计恒等式的变形来表示，即

资产－负债＝所有者权益

所有者权益的来源包括所有者投入的资本、直接计入所有者权益的利得和损失、留存收益等。企业初始设置中所有者权益为 64M，具体如下。

（1）股东资本。企业初始资金投入 50M，即股东资本为 50M。

（2）利润留存。留存收益是指企业从历年实现的利润中提取或留存于企业的内部积累，它来源于企业的生产经营活动所实现的净利润，包括企业的盈余公积和未分配利润两个部分。企业初始设置中留存收益为 11M。计算方法为

本年度留存收益＝上一年度留存收益＋上一年度净利润

（3）年度净利。企业初始设置净利润为 3M。计算方法为

年度净利＝年度利润－所得税

# 项目4 实战运营

# 任务 4.1

## 实战规则

SHIZHAN GUIZE

### 【学习目标】

（1）了解模拟企业运营流程。

（2）理解模拟企业实战规则。

（3）能结合沙盘教具，按照实战规则进行企业运营操作。

### 【任务描述】

透彻理解企业实战规则，能够按照规则独立进行企业运营盘面操作。

### 【实训设备】

配套实训室、多媒体、沙盘教具。

## 【实训内容】

企业是社会经济的基本单位，企业的发展要受自身条件和外部环境的制约。企业的竞争不仅要遵守国家的各项法规及行政管理规定，还要遵守行业内的各种约定。

在开始模拟竞争之前，管理层必须了解并熟悉这些规则，才能做到合法经营，才能在竞争中求生存、求发展。

### 4.1.1 运营流程

企业运营流程代表了企业简化的工作流程，也是企业竞争模拟中各项工作需要遵守的执行顺序。分为年初 4 项工作、按季度执行的 20 项工作和年末需要做的 6 项工作。执行企业运营流程时由 CEO 主持，团队成员各司其职，有条不紊，每执行完一项任务，CEO 在方格中打“√”作为完成标志。

现金是企业的血液。伴随着企业各项活动的进行，会发生现金的流动。为了清晰记录现金的流入和流出，我们在企业运营流程中设置了现金收支明细登记。CEO 带领大家每执行一项任务时，如果涉及现金收付，财务总监在收付现金的同时，要相应地在方格内登记现金收支情况。

**特别提示**

执行企业运营流程时，必须按照自上而下、自左至右的顺序严格执行。

1．年初 4 项工作

1）新年度规划会议

新的一年开始之际，企业管理团队要制定（调整）企业战略，做出经营规划、设备投资规划、营销策划方案等。具体来讲，需要进行销售预算和可承诺量（Available to Promise，ATP）的计算。

常言道：“预则立，不预则废。”预算是企业经营决策和长期投资决策目标的一种数量表现，即通过有关的数据将企业全部经济活动的各项目标具体地、系统地反映出来。销售预算是编制预算的关键和起点，主要是对本年度要达成的销售目标的预测，销售预算的内容是销售数量、单价和销售收入等。

ATP 可承诺量的计算：参加订货会之前，需要计算企业的可接单量。企业可接单量主要取决于现有库存和生产能力，因此产能计算的准确性直接影响到销售交付。

2）参加订货会/登记销售订单

参加订货会：各企业派营销总监参加销售会议，按照市场地位、广告投放、竞争态势、市场需求等条件分配客户订单。

**特别提示**

争取客户订单前，应以企业的产能、设备投资计划等为依据，避免接单不足，设备闲置或盲目接单，无法按时交货，引起企业信誉降低。

登记销售订单：客户订单相当于与企业签订的订货合同，需要进行登记管理。营销总监领取订单后，负责将订单登记在订单登记表中，记录每张订单的订单号、所属市场、所订产品、产品数量、订单销售额、应收账期；将广告费放置在沙盘上的“广告费”位置。财务总监记录支出的广告费。

3）制订新年度计划

在明确今年的销售任务后，需要以销售为龙头，结合企业对未来的预期，编制生产采购计划、设备投资计划并进行相应的资金预算。将企业的供、产、销活动有机结合起来，使各部门的工作形成一个有机的整体。

4）支付应交税金

依法纳税是每个企业及公民的义务。请财务总监按照上一年度利润表的“所得税”一项的数值取出相应的现金放置于沙盘上的“税金”处并做好现金收支记录。

2. 每季度20项工作

（1）季初现金盘点（请填余额）。财务总监盘点目前现金库中的现金，并记录现金余额。

（2）更新短期贷款/还本付息。更新短期贷款：如果企业有短期贷款，请财务总监将空桶向现金库方向移动一格。移至现金库时，表示短期贷款到期。

还本付息：短期贷款的还款规则是利随本清。短期贷款到期时，每桶需要支付 1M（20M×5%）的利息，因此，本金与利息共计 21M。财务总监从现金库中取现金，其中 20M 还给银行，放置于沙盘上的“利息”处并做好现金收支记录。

（3）申请短期贷款。短期贷款只有在这一时点上可以申请。可以申请的最高额度为

短期贷款申请额度＝上一年所有者权益×2－（已有短期贷款）

**特别提示**

企业随时可以向银行申请高利贷，高利贷贷款额度视企业当时的具体情况而定。如果借了高利贷，可以用倒置的空桶表示，并与短期借款同样管理。

（4）更新应付账款/归还应付账款。请财务总监将应付账款向现金库方向推进一格。到达现金库时，从现金库中取现金付清全款并做好现金收支记录。

（5）原材料入库/更新原材料订单。供应商发出的订货已运抵企业时，企业必须无条件接受货物并支付料款。采购总监将订单区中的空桶向原材料库方向推进一格，到达原材料库时，向财务总监申请原材料款，支付给供应商，换取相应的原材料。财务总监要做好现金监控记录。

（6）下原材料订单。采购总监根据年初制订的采购计划，决定采购的原材料的品种及数量，每个空桶代表一批原材料，将相应数量的空桶放置于对应品种的“原材料订单”处。

（7）更新生产/完工入库。由运营总监将各生产线上的在制品向上推进一格。产品下线表示产品完工，将产品放置于相应的产成品库。

（8）投资新生产线/变卖生产线/生产线转产。

投资新生产线：投资新设备时，运营总监向指导老师领取新生产线标识，翻转放置于某厂房相应位置，其上放置与该生产线安装周期相同的空桶数，每个季度向财务总监申请建设资金，额度＝设备总购买价值/安装周期，财务总监做好现金收支记录。在全部投资完成后的下一季度，将生产线标识翻转过来，领取产品标识，可以开始投入使用。

变卖生产线：当生产线上的在制品完工后，可以卖生产线。请参阅 4.1.2 中“3）生产线购买、转产与维修、出售”相关内容。

生产线转产：生产线转产是指某生产线转产生产其他产品。不同生产线类型转产所需的调整时间及资金投入是不同的，请参阅 4.1.2 中“3）生产线购买、转产与维修、出售”相关内容。

如果需要转产且该生产线需要一定的转产周期及转产费用，请运营总监翻转生产标识，按季度向财务总监申请并支付转产费用，停工满足转产周期要求并支付全部的转产费用后，再次翻转生产线标识，领取新的产品标识，开始新的生产。财务总监做好现金收支记录。

**特别提示**

生产线一旦建设完成，不得在各厂房间随意移动。

（9）向其他企业购买原材料/出售原材料。新产品上线时，原材料库中必须备有足够的原材料，否则需要停工待料。这时采购总监可以考虑向其他企业购买。如果按原材料的原值购入，购买方视同“原材料入库”处理，出售方采购总监从原材料库中取出原材料，向购买方收取同值现金，放入现金库并做好现金收支记录。如果高于原材料价值购入，购买方将差额（支出现金－原材料价值）记入利润表中的其他支出；出售方将差额记入利润表中的其他收入，财务总监做好现金收支记录。

（10）开始下一批生产。当更新生产/完工入库后，某些生产线的在制品已经完工，可以考虑开始生产新产品。由运营总监按照产品结构从原材料库中取出原材料，并向财务总监申请产品加工费，将上线产品摆放到离原材料库最近的生产周期。

（11）更新应收账款/应收账款收现。财务总监将应收账款向现金库方向推进一格，到达现金库时即成为现金，做好现金收支记录。

**特别提示**

在资金出现缺口且不具备银行贷款的情况下，可以考虑应收账款贴现。应收账款贴现随时可以进行，财务总监按 7 的倍数取应收账款，其中 1/7 作为贴现费用置于沙盘上“贴息”处，6/7 放入现金库，并做好现金收支记录。例如，应收账款 8M，可拿 7M 进行贴现，其中 1M（1/7）作为贴息，6M（6/7）放入现金库，剩余 1M 作为应收账款，到期后领取。应收账款贴现时不考虑账期因素。

（12）出售厂房。资金不足时可以出售厂房，厂房按购买价值出售，但得到的是 4 账期应收账款。

（13）向其他企业购买成品/出售成品。如果产能计算有误，有可能本年度不能交付客户订单，这样不仅信誉尽失，且要接受总额的 25%的罚款。这时营销总监可以考虑向其他企业购买产品。如果以成本价购买，买方正常处理；如果高于成本价购买，购买方将差价（支付现金－产品成本）记入“直接成本”，售方将差价记入“销售收入”，财务总监做好现金收支记录。

（14）按订单交货。营销总监检查各成品库中的成品数量是否满足客户订单要求，满足则按照客户订单交付约定数量的产品给客户，并在订单登记表中登记该批产品的成本。客户按订单收货，并按订单上列明的条件支付货款，若为现金（0 账款），营销总监直接将现金置于现金库，财务总监做好现金收支记录；若为应收账款，营销总监将现金置于应收账款相应账期处。

**特别提示**

必须按订单整单交货。

（15）产品研发投资。按照年初制订的产品研发计划，运营总监向财务总监申请研发资金，置于相应产品生产资格位置。财务总监做好现金收支记录。

**特别提示**

产品研发投资完成，领取相应产品的生产资格证。

（16）支付行政管理费。管理费用是企业为了维持运营发放的管理人员工资、必要的差旅费、招待费等。财务总监取出 1M 摆放在“管理费”处，并做好现金收支记录。

（17）其他现金收支情况登记。除以上引起现金流动的项目外，还有些没有对应项目的，如应收账款贴现、高利贷支付的费用等，可以直接记录在该项中。

（18）现金收入合计。统计本季度现金收入总额。

（19）现金支出合计。统计本季度现金支出总额。

（20）期末现金对账。现金盘点，要做到“账物相符”，财务总监盘点现金余额并做好登记。

以上 20 项工作每个季度都要执行。

3．年末 6 项工作

1）支付长期贷款利息/更新长期贷款/申请长期贷款

支付长期贷款利息：长期贷款的还款规则是每年付息，到期还本。如果当年未到期，每桶需要支付 2M（20M×10%）的利息，财务总监从现金库中取出长期贷款利息置于沙盘上的“利息”处，并做好现金收支记录。长期贷款到期时，财务总监从现金库中取出现金归还本金及当年的利息，并做好现金收支记录。

更新长期贷款：如果企业有长期贷款，请财务总监将空桶向现金库方向移动一格；当移至现金库时，表示长期贷款到期。

申请长期贷款：长期贷款只有在年末可以申请。可以申请的额度为

长期贷款申请额度＝上一年所有者权益×2－已有长期贷款＋一年内到期的长期贷款

2）支付设备维修费

在用的每条生产线支付 1M 的维护费。财务总监取相应现金置于沙盘上的“维修费”处，并做好现金收支记录。

3）支付租金/购买厂房

大厂房为自主厂房，如果本年在小厂房中安装了生产线，此时要决定该厂房是购买还是租赁，如果购买，财务总监取出与厂房价值相等的现金置于沙盘上的“厂房价值”处；如果租赁，财务总监取出与厂房租金相等的现金置于沙盘上的“租金”处，无论购买还是租赁，财务总监应做好现金收支记录。

4）计提折旧

厂房不提折旧，设备按余额递减法计提折旧，在建工程及当年新建设备不提折旧。折旧＝原有设备价值/3 向下取整。财务总监从设备价值中取折旧费放置于沙盘上的“折旧”处。当设备价值下降至 3M 时，每年折旧 1M。

**特别提示**

计提折旧时只可能涉及生产线净值和其他费用两个项目，与现金流无关，因此在企业运营流程中标注了“( )”以示区别，计算现金收/支合计时不应考虑该项目。

5）新市场开拓/ISO 资格认证投资

新市场开拓：财务总监取出现金放置在要开拓的市场区域，并做好现金支出记录。市场开发完成，从指导教师处领取相应市场准入证。

ISO 资格认证投资：财务总监取出现金放置在要认证的区域，并做好现金支出记录。认证完成，从指导老师处领取 ISO 资格证。

6）结账

经过一年的经营，年终要做一次盘点，编制利润表和资产负债表。在报表做好之后，指导教师将会取走沙盘上企业已支出的各项成本，为明年做好准备。

### 4.1.2 实战规则

1．年初、年末相关工作的规则

1）订货会议与订单争取

众所周知，客户订单的获得对企业的影响是至关重要的。每年年初，召开订货会议，各企业销售经理与客户见面，销售经理进行市场预测，分析竞争态势并结合企业自身实际情况，按规定首先投入广告费，对企业产品进行宣传，以使得本企业的产品能够深入人心，然后进行订单选择。

（1）广告费投入规则。广告费是分市场、分产品投放的（表 4-1），广告费分为产品广告和认证广告。

表 4-1 广告投放单

| 第三年 A 组（本地） | | | | 第三年 A 组（区域） | | | |
|---|---|---|---|---|---|---|---|
| 产品 | 广告 | 9K | 14K | 产品 | 广告 | 9K | 14K |
| P1 | | | | P1 | | | |
| P2 | | | | P2 | | | |
| P3 | | | | P3 | | | |
| P4 | | | | P4 | | | |

产品广告：按广告费投入的多少判定选单的顺序。每种产品投入 1M 有一次获得订单的机会，以后每多投 2M 增加一次选单机会。如投入 5M 表示有 3 次获得订单的机会，当然能否获得 3 张订单则取决于市场需求、竞争对手等因素；投入 2M 准备拿一张订单，只是比投入 1M 的优先拿到订单。

认证广告：如果希望获得标有“ISO 9000”或“ISO 14000”的订单，企业首先必须已经获得 ISO 认证资格，并且在当年的广告费用中投入 ISO 的认证广告费，每个市场的 ISO 资格认证费均为 1M。

（2）选单流程。订货会依照本地、区域、国内、亚洲、国际市场的顺序依次召开，每个市场中依照 P1、P2、P3、P4 的顺序依次选单。

具体选单顺序：上一年度该市场上各企业的销售额排名最高的企业（俗称 “市场老大”）优先选单；除市场老大外，其余企业按照某市场、某产品广告费投放多少依次选单；如果在同一市场、同一产品投入广告费相同时，按照投入该市场广告费总额，排定选单顺序；如果该市场广告总额也相同，则按照上一年度在该市场上各产品销售额的排名次序，依次选单；如果以上情况仍然不能确定选单次序，则由双方协商确定顺序。

**特别提示**

有资格参选的公司在每一轮选单中只能选择一张订单，当第一轮选单完成后，如果还有剩余订单，符合广告投放规则的公司可以进入下一轮选单。

（3）客户订单。市场需求用客户订单卡片的形式表示，如图 4.1 所示。卡片上标注了市场、产品、产品数量、单价、订单价值总额、账期、特殊要求等要素。如果没有特别说明，普通订单可以在当年内任一季度交货。如果由于产能不够或其他原因，导致本年不能交货，企业为此应受到以下处罚：①因不守信用市场地位下降一级；②下一年该订单必须最先交货；③交货时扣除该张订单总额的 25%（取整）作为违约金。

卡片上标注有“加急!”字样的订单，必须在第一季度交货，延期罚款处置同上所述。因此，营销总监接单时要考虑企业的产能。当然，如果其他企业乐于合作，不排除委外加工的可能性。

| 区域市场 | |
|---|---|
| 1 | IP2-1/4 |
| 数量 | 2 |
| 单价 | 6.5 |
| 总额 | 13 |
| 账期 | ② |
| 条件 | ISO 9000加急！ |

图 4.1　订单

**特别提示**

如果上年市场老大没有按期交货，市场地位下降，则本年该市场没有老大。

订单上的账期代表客户收货时货款的交付方式。若为 0 账期，则现金付款；若为 3 账期，代表客户付给企业的是 3 个季度到期的应收账款。

如果订单上标注了“ISO 9000”或“ISO 14000”，那么要求生产单位必须取得相应认证并投放认证的广告费，两个条件均具备，才能得到这张订单。

2）厂房购买、出售与租赁

企业目前拥有自主厂房——大厂房，价值 40M。另有小厂房可供选择使用，有关购买、租赁、出售的相关信息见表 4-2。

表 4-2　厂房购买、出售与租赁

| 厂房 | 买价 | 租金 | 售价 | 容量 |
|---|---|---|---|---|
| 大厂房 | 40M | 5M/年 | 40M（4Q） | 6 条生产线 |
| 小厂房 | 30M | 3M/年 | 30M（4Q） | 4 条生产线 |

**特别提示**

厂房可随时按购买价值出售，得到的是 4 个账期的应收账款。厂房不提折旧。

3）市场划分与准入规则

企业的生存和发展离不开市场这个大环境。谁赢得市场，谁就赢得了竞争。市场是瞬息万变的，变化增加了竞争的对抗性和复杂性。目前企业仅拥有本地市场，除本地市场之外，还有区域市场、国内市场、亚洲市场、国际市场有待开发。在进入某个市场之前，企业一般需要进行市场调研、选址办公、招聘人员、做好公共关系、策划市场活动等一系列工作。而这些工作均需要消耗资源资金及时间。由于各个市场地理位置及地理区域不同，开发不同市场所需的时间和资金投入也不同，只有市场开发完成，企业才有进入该市场销售的权利。开发不同市场所需的时间和费用不同，见表 4-3。

表 4-3 市场开发

| 市场 | 开发总费用/M | 开发时间/年 | 说明 |
|---|---|---|---|
| 区域 | 1 | 1 | 市场开拓是在年初制订计划，年末投入资金；<br>资金短缺时可随时中断或终止投入；<br>开发费用按开发时间平均支付，不允许加速投资；<br>市场开拓完成后，领取相应的市场准入证 |
| 国内 | 2 | 2 | |
| 亚洲 | 3 | 3 | |
| 国际 | 4 | 4 | |

4）ISO 资格认证

随着中国加入 WTO，客户的质量意识及环境意识越来越清晰。经过一定时间的市场孕育，最终会反映在客户订单中。企业要进行 ISO 认证，需要经过一段时间并花费一定费用，见表 4-4。

表 4-4 国际认证需要投入的时间及认证费用

| 管理体系 | ISO 9000 | ISO 14000 |
|---|---|---|
| 建立时间 | 2 年 | 3 年 |
| 所需投资 | 1M/年 | 1M/年 |

**特别提示**

新产品研发投资可以同时进行，按季度平均支付或延期，资金短缺时可以中断；全部投资到位立刻换取资格证。

2. 每季度运营中的规则

现实生活中，企业需要遵循分门别类、名目繁多的各项法律、法规。举例来讲，仅财务中税收一项，就包括增值税、营业税、所得税及其他税。在 ERP 沙盘模拟课程中，不可能逐项细节面面俱到，只能采取相对简化的方式，抓大放小，做到简单而有效。

1）融资贷款与贴现

资金是企业的血液，是企业任何活动的支撑。在 ERP 沙盘模拟课程中，企业尚未上市，其融资渠道只能是银行借款、高利贷和应收账款贴现。下面将几种融资方式的对比情况列于表 4-5。

表 4-5 融资贷款与贴现

| 贷款类型 | 贷款时间 | 年度贷款额度 | 年息 | 还款方式 |
|---|---|---|---|---|
| 长期贷款 | 每年年末 | 权益的 2 倍－已贷长贷 | 10% | 年底付息，到期还本 |
| 短期贷款 | 每季度初 | 权益的 2 倍－已贷短贷 | 5% | 到期一次还本付息 |
| 高利贷 | 任何时间 | | 20% | 到期一次还本付息 |
| 资金贴现 | 任何时间 | 视为应收款额 | 1/7 | 变现时贴息 |

**特别提示**

无论长期贷款、短期贷款还是高利贷，均以 20M 为基本贷款单位，长期贷款的最长期限为 5 年，短期贷款及高利贷的期限为一年，贷款到期后返还。

应收账款贴现随时可以进行，金额必须是 7 的倍数，不考虑应收账款的账期，每 7M 的应收账款交纳 1M 的贴现费，其余 6M 作为现金放入现金库。

2）原材料采购

原材料采购涉及两个环节，签订采购合同和按合同收料。签订采购合同时要注意采购提前期。

R1、R2 原材料需要一个季度的采购提前期；R3、R4 原材料需要两个季度的采购提前期。货物到达企业时，必须照单全收，并按规定支付原材料费或计入应付账款。

3）生产线购买、转产与维修、出售

企业目前有三条手工生产线和一条半自动生产线，另外可供选择的生产线还有全自动生产线和柔性生产线。不同类型生产线的主要区别在于生产效率和灵活性。生产效率是指单位时间内生产产品的数量；灵活性是指转产生产新产品时设备调整的难易性。有关生产线购买、转产、维修、出售的相关信息见表 4-6。

表 4-6　生产线购买、转产、维修、出售

| 生产线 | 购买价格 | 安装周期 | 生产周期 | 转产周期 | 转产费用 | 维护费用 | 出售残值 |
|---|---|---|---|---|---|---|---|
| 手工线 | 5M | 无 | 3Q | 无 | 无 | 1M/年 | 1M |
| 半自动线 | 8M | 2Q | 2Q | 1Q | 1M | 1M/年 | 2M |
| 全自动线 | 16M | 4Q | 1Q | 2Q | 4M | 1M/年 | 4M |
| 柔性线 | 24M | 4Q | 1Q | 无 | 无 | 1M/年 | 6M |

**特别提示**

所有生产线可以生产所有产品。

投资新生产线时按照安装周期平均支付投资，全部投资到位后的下一周期可以领取标识，开始生产。资金短缺时，任何时候都可以中断投资。

生产线转产是指生产线转产生产其他产品，如半自动生产线原来生产 P1 产品，若要生产 P2 产品，需要改装生产线，因此需要停工一个周期，并支付 1M 改装费用。

当年投资的生产线价值计入在建工程，当年不提折旧，从下一年按余额递减法即价值的 1/3（取整）计提折旧，直至残值。

当年已售出的生产线不用支付维修费。

出售生产线时，如果该生产线净值小于残值，将生产线净值直接转到现金库中；如果生产线净值大于残值，从生产线净值中取出等同于残值的部分置于现金库，将差额部分置于综合费用的其他项。

4）产品生产

产品研发完成后，可以接单生产。生产不同的产品需要的原材料不同，各种产品所用到的原材料及数量如图 4.2 所示。

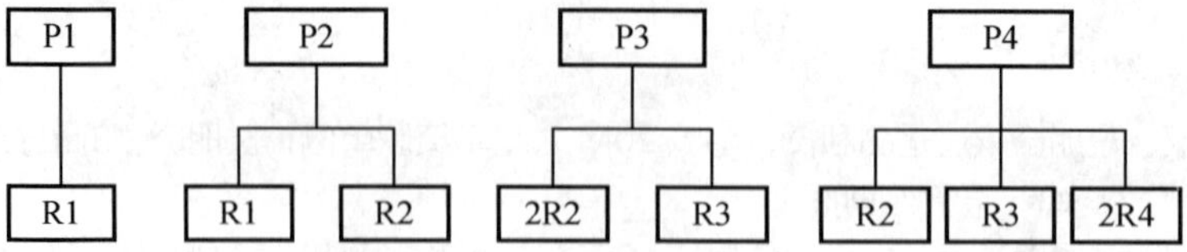


图 4.2　P 系列产品的 BOM

每条生产线同时只能有一个产品在线。产品上线时需要支付加工费，不同生产线的生产效率不同，但需要支付的加工费是相同的，均为 1M。

5）产品研发

企业目前可以生产并销售 P1 产品。根据预测，另有技术含量依次递增的 P2、P3、P4 三种产品有待开发。

不同技术含量的产品，需要投入的研发时间和研发投资是有区别的，见表 4-7。

表 4-7　产品研发需要投入的时间及研发费用

| 产品 | P2 | P3 | P4 |
|---|---|---|---|
| 研发时间 | 5Q | 5Q | 5Q |
| 研发投资 | 5M | 10M | 15M |

**特别提示**

产品研发按季度平均支付，全部投资到位立刻换取产品资格证。

# 任务 4.2

## 练习年运营

LIANXINIAN YUNYING

### 【学习目标】

（1）熟悉企业运营流程。

（2）能团队合作，独立进行企业练习年运营。

### 【任务描述】

以小组为单位，在各组 CEO 的领导下，独立进行练习年的运营操作。

### 【实训设备】

配套实训室、多媒体、沙盘教具。

【实训内容】

新的管理层接手企业，需要有一个适应的阶段。练习年的运营，可以使学员进一步熟悉运作规则、明确运营管理流程，为后续六年实战打下坚实的基础。

### 4.2.1 企业生存

1．生存条件

企业在市场上生存下来的基本条件：一是以收抵支，二是到期还债。这从另一个角度告诉我们，如果企业出现以下两种情况，就将宣告破产。

1）资不抵债

如果企业所取得的收入不足以弥补其支出，导致所有者权益为负时，企业破产。

2）现金断流

如果企业的负债到期，无力偿还，企业就会破产。在模拟经营中一旦破产条件成立，请指导教师裁夺。一般可能有三种处理方式：其一，如果企业盘面能让股东/债权人看到一线希望，股东可能增资，债权人可能债转股；其二，合并或兼并；其三，破产清算。

2．盈利途径

企业经营的本质是股东权益最大化，即盈利。而从利润表的利润构成中，不难看出，主要途径有扩大销售（开源）和控制成本（节流）。

1）扩大销售

利润主要来自于销售收入，而销售收入由销售数量和产品单价两个因素决定。提高销售数量有以下方式。

（1）扩张现有市场，开拓新市场。

（2）研发新产品。

（3）扩建或改造生产设施，提高产能。

（4）合理加大广告投放力度，进行品牌宣传。

提高产品单价受很多因素制约，但企业可以选择单价较高的产品进行生产。

2）控制成本

产品成本分为直接成本和间接成本。

（1）降低直接成本。直接成本主要包括构成产品的原材料费和人工费。在 ERP 沙盘模拟课程中，原材料费由产品的 BOM 结构决定，在不考虑替代材料的情况下没有降低的空间；用不同生产线生产同一产品的加工费也是相同的，因此在 ERP 沙盘模拟课程中，产品的直接成本是固定的。

（2）降低间接成本。从节约成本的角度，我们不妨把间接成本区分为投资性支出和费用性支出两类。投资性支出包括购买厂房、投资新的生产线等，这些投资是为了扩大企业的生产能力而必须发生的；费用性支出包括营销广告、贷款利息等，通过有效筹划是可以节约一部分的。

### 4.2.2 练习年的作用

新的管理层接手企业，原有管理层总要“扶上马，送一程”。因此在起始年里，新任管理层仍受制于老领导，企业的决策由老领导定夺，新管理层只能执行。主要目的是团队磨合，进一步熟悉规则，明晰企业的运营过程。

由于起始年的决策仍决定于原有管理层，因此，继续保守经营，不投资新产品研发，不购置固定资产，不尝试新的融资，只是维持原有的生产规模，第一、第二季度各订购两批 R1 原材料，第三、四季度各订购一批 R1 原材料。

### 4.2.3　练习年报表填制

计划制订之后，企业的日常运营将在 CEO 的领导下，按照企业运营流程所指示的程序及顺序进行。企业应该对各年每个季度的要点进行记录，以便于核查、分析。

1）企业运营流程

企业运营流程中包括了各模拟企业进行日常运营时必须执行的工作任务及必须遵守的工作流程。由 CEO 主持，按照企业运营流程所列工作内容及先后顺序开展工作，每执行完操作，CEO 在相应的方格内打“√”确认，以示完成；如果涉及现金收支业务，财务总监在相应的方格内填写现金收支情况。

2）订单登记表

用于记录本年取得的客户订单。年初营销总监参加订货会，争取到客户订单，随后进行订单登记，填写订单登记表中的订单号、市场、产品、数量、账期、销售额项目。按订单交货，登记成本项目，计算毛利项目。年末，如果有未按时交货的，在“未售”栏目中单独标注。

3）产品核算统计表

产品核算统计表是按产品品种对销售情况的统计，是对各品种本年销售数据的汇总，包括本公司自己生产和委外生产的产品。

4）综合管理费用明细表

综合管理费用明细表用于记录企业日常运营过程中发生的各项费用。对于市场准入开拓、ISO 资格认证和产品研发不仅要记录本年投入的总金额，还要在备注栏中说明明细。市场准入开拓、ISO 资格认证在备注栏中相关项目上打“√”确认；产品研发在对应项目后的括号中填写实际投入金额。

5）利润表

年末，要核算企业当年的经营成果，编制利润表。利润表中各项目的计算见表 4-8。

**表 4-8　利润表计算**

编报单位：百万元

| 项　目 | 行次 | 数据来源 |
|---|---|---|
| 销售收入 | 1 | 产品核算统计表中的销售额合计 |
| 直接成本 | 2 | 产品核算统计表中的成本合计 |
| 毛利 | 3 | 销售收入－直接成本 |
| 综合费用 | 4 | 管理费＋广告费＋维修费＋租金＋转产费＋市场准入开拓＋ISO 资格认证＋产品研发＋其他 |
| 折旧前利润 | 5 | 毛利－综合费用 |
| 折旧 | 6 | 上年设备价值的 1/3 向下取整 |
| 支付利息前利润 | 7 | 折旧前利润－折旧 |

续表

| 项　　目 | 行次 | 数据来源 |
|---|---|---|
| 财务收入/支出 | 8 | 借款、高利贷、贴现等支付的利息计入财务支出 |
| 其他收入/支出 | 9 | 出租厂房的收入、组间购销原材料的收支 |
| 税前利润 | 10 | 支付利息前利润＋财务收入－财务支出＋其他收入－其他支出 |
| 所得税 | 11 | 税前利润的 1/3 取整 |
| 净利润 | 12 | 税前利润－所得税 |

**特别提示**

如果前几年净利润为负数，今年的盈利可用来弥补以前的亏损，可以减除的亏损至多三年。

6）资产负债表

年末，要编制反映企业财务状况的资产负债表。资产负债表中各项目的计算见表 4-9。

表 4-9　资产负债表计算

编报单位：百万元

| 资产 | 数据来源 | 负债和所有者权益 | 数据来源 |
|---|---|---|---|
| 流动资产： | | 负债： | |
| 现金 | 盘点现金库中的现金 | 长期负债 | 长期负债——年内到期的长期负债 |
| 应收账款 | 盘点应收账款 | 短期负债 | 盘点短期负债 |
| 在制品 | 盘点生产线上的在制品 | 应付账款 | 盘点应付账款 |
| 成品 | 盘点成品库中的成品 | 应交税金 | 根据利润表中的所得税填列 |
| 原材料 | 盘点原材料库中的原材料 | 一年内到期的长期负债 | 盘点一年内到期的长期负债 |
| 流动资产合计 | 以上五项之和 | 负债合计 | 以上五项之和 |
| 固定资产： | | 所有者权益： | |
| 土地和建筑 | 厂房价值之和 | 股东资本 | 股东不增资的情况下为 50 |
| 机器和设备 | 设备价值（净值） | 利润留存 | 上一年利润留存＋上一年利润 |
| 在建工程 | 在建设设备价值 | 年度净利 | 利润表中的净利润 |
| 固定资产合计 | 以上三项之和 | 所有者权益合计 | 以上三项之和 |
| 资产总计 | 流动资产合计＋固定资产合计 | 负债和所有者权益合计 | 负债合计＋所有者权益合计 |

**特别提示**

执行企业运营流程时，必须按照自上而下、自左至右的顺序严格执行。

练习年业务运营流程处理表参见附录 A。

# 任务 4.3

## 企业第 1～6 年实战演练

QIYE DIYI～LIUNIAN SHIZHAN YANLIAN

### 【学习目标】

（1）熟悉企业运营流程。

（2）能够制定企业整体发展战略，能够制订销售计划、生产计划、采购计划并进行财务管理。

（3）培养学生团队合作、诚实守信的职业素养。

### 【任务描述】

运用所学专业知识，调查、分析模拟市场环境，预测模拟市场未来发展趋势，确定目标市场及市场地位，明确企业未来发展目标，并将企业发展规划分解、落实为具体的年度经营计划。各小组在 CEO 的带领下，独立运营 6 年，并使得企业盈利。

### 【实训设备】

配套实训室、多媒体、沙盘教具。

## 【实训内容】

现在，新的管理层将独自运营，你仍将对公司的发展完全负责，请注意年度工作要点，运用好管理工具及总结，谨慎运营。

### 4.3.1 年度工作要点

计划是各项工作执行的依据。每年年初，CEO 都要带领管理团队，在企业战略的指导下，制订销售计划、设备投资与改造计划、生产计划、采购计划、资金计划、市场开发计划及产品研发计划。

1．销售计划

简明的销售计划至少应说明企业将生产的产品、生产数量、销售渠道、销售地区、各产品线、地区比例、促销活动等，正确制订销售计划，收集必要信息，做出相关分析，销售计划的内容包括产品市场信息、企业自身的产能、竞争对手的情况等。

一个好的销售计划一定是符合销售组织自身特点、适用于本组织发展现状的计划。脱离实际情况的、过于宏观的销售计划会对实际的销售活动失去指导意义。一个好的销售计划同时也是一个全员参与的计划，是被组织上下及客户认可的计划。

2．设备投资与改造计划

设备投资与改造是提高产能、保障企业持续发展的策略之一。企业进行设备投资时需要考虑以下因素。

（1）市场上对各种产品的需求状况。

（2）企业目前的产能。

（3）新产品的研发进程。

（4）设备投资分析。

（5）新设备用于生产哪种产品，以及所需资金来源和设备安装地点。

（6）设备上线的具体时间及所需物料储备。

3．生产计划

企业主要有五个计划层次，即经营规划、销售与运作规划、主生产计划、物料需求计划和能力需求计划。这五个层次的计划实现了由宏观到微观、由粗到细的深化过程。主生产计划是宏观向微观的过渡性计划，是沟通企业前方（市场、销售等需方）和后方（制造、供应等供方）的重要环节。物料需求计划是主生产计划的具体化，能力需求计划是对物料需求计划做能力上的平衡和验证。从数据处理逻辑上讲，主生产计划与其他计划层次之间的关系如图 4.3 所示。

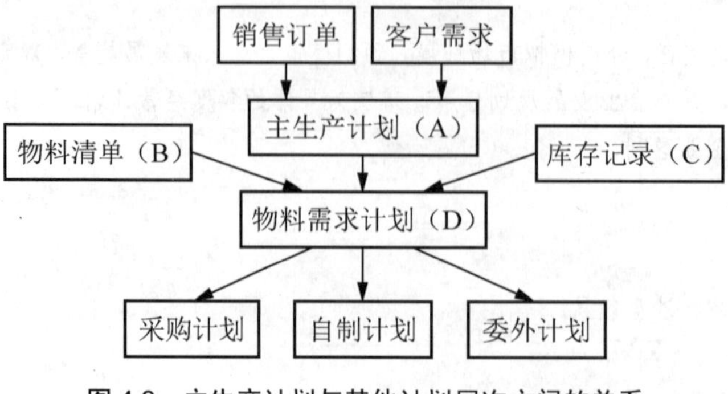


图 4.3　主生产计划与其他计划层次之间的关系

（1）主生产计划要回答（A）：生产什么？生产多少？何时生产？

（2）物料清单回答（B）：用什么来生产？

（3）库存记录回答（C）：我们已经有什么？

（4）物料需求计划回答（D）：还应得到什么?

它们共同构成了制造业的基本方程：A×B－C＝D。

4．采购计划

采购计划要回答三个问题：采购什么、采购多少及何时采购。

1）采购什么

从图 4.3 中可以看出，采购计划的制订与物料需求计划直接相关，并直接上溯到主生产计划。根据主生产计划，减去产品库存记录，并按照产品的 BOM 结构展开，就得到了为满足生产所需还要哪些物料，哪些可以自制，哪些必须委外，哪些需要采购。

2）采购多少

明确了采购物料，还要计算采购数量，这与物料库存和采购批量有直接联系。

3）何时采购

要保持“零库存”管理思想，达到“既不出现物料短缺，又不出现库存积压”，要充分考虑采购提前期、政策等相关因素。

5．资金计划

成本费用的支付需要资金，各项投资需要资金，到期还债需要资金，如果没有准确详尽的资金预测，则会顾此失彼。因此，每年年初做现金预测是非常必要的。

6．市场开发及产品研发计划

谁拥有市场，谁就拥有经营的主动权。企业决策者需要充分调研，透彻分析市场，进行市场细分，选择目标市场，作出合理的市场定价及营销策略，从而是企业获取最大利润。产品的开发与选择要充分考虑产品的市场潜力、收益性及竞争对手综合情况。

为了有效地制订各项计划，附录中提供了相关的辅助计划工具，本任务中也会介绍相关工具的使用方法。

### 4.3.2 管理工具

1．市场的需求预测与分析

附录 H 给出了近几年关于行业产品市场的预测资料，包括各市场、各产品的总需求量、价格情况、客户关于技术及产品的质量要求等。在市场预测中，我们用直方图标示产品的需求数量，折线图标示产品的预期价格，并进行说明。其中尤其需要注意客户关于技术及产品的质量要求等细节。下面给出几点提示。

P1 产品由于技术水平低，虽然近几年需求较旺，但未来将会逐渐下降；P2 产品是 P1 产品的技术改进版，前两年增长比较迅速，其后需求趋于平稳；P3、P4 产品为全新技术产品，发展潜力很大——投资研发新产品是企业的当务之急。

在客户需求市场，本地市场需求将持续保持旺盛，但未来的区域市场、国内市场、亚洲市场也将有很大的需求增长量，在四年之后，国际市场的需求也很诱人——企业如果希望有较大的发展，开拓市场刻不容缓。

在产品认证方面，尤其在后几年，企业如果取得了 ISO 9000 和 ISO 14000 资格认证后，产品的价格和销路将会有所上升。

而我们接手的企业目前只有三条手工生产线和一条半自动生产线，目前生产能力比较落后，P 系列产品生产应采用更先进的设备——企业如果希望适应未来的发展，生产能力提升迫在眉睫。

目前在整个行业中，可以生产相同产品的企业还有五家，这五家无论在资产规模、生产能力、市场占有、资产状况等方面与本厂不相上下，企业在未来生存并且发展的过程中，市场竞争将十分残酷。

2．生产线设备投资与改造

设备投资与改造是提高产能，保障企业持续发展的策略之一，年度工作要点中已经提到，附录 G 中给出了生产线登记表，记录每季度的生产设备改造。

3．资金预算

每年年初做好资金预测是非常重要的，它可以使经营者运筹帷幄、游刃有余，在附录中提供了现金预算表，每组同学都应按季度进行资金预算，同时记录每季度将要发生的要点。

4．产能的计算及采购计划的制订

企业在接单时，不能想当然地接单，订单过多而交不了货，会造成违约；订单过少，则造成产品库存积压，占用流动资金；接单时一定要做“知己”，即必须清楚计算本企业产能。这里借助附录 F 给出的一种有效的工具——甘特图，可以准确计算产能和制订采购计划，如图 4.4 所示。

| 生产线 | | 练习年 | | | | 第一年 | | | |
|---|---|---|---|---|---|---|---|---|---|
| | | 第一季度 | 第二季度 | 第三季度 | 第四季度 | 第一季度 | 第二季度 | 第三季度 | 第四季度 |
| 手工线 1 | 产品 P1 | | | P1 | | | | | |
| | 材料预定 | | R1 | | | | | | |
| ⋮ | ⋮ | ⋮ | ⋮ | ⋮ | ⋮ | ⋮ | ⋮ | ⋮ | ⋮ |
| 合计 | 完工产品 | | | 1P1 | | | | | |
| | 材料 | | 1R1 | | | | | | |

**图 4.4　甘特图**

图 4.4 以企业生产线练习年为例，用甘特图准确计算生产和采购时间。例如，手工线 1 的在制品 P1 在第一季度初处于第一生产周期，第二季度运营结束，产品更新至第三周期，依此类推，产品在第三季度时完工入库。同年该季度又上线生产一个产品，直至第一年的第二季度可以完工入库，根据产品上线生产时间，练习年第三季度上线生产一个 P1，可以在第二季度订购所需原材料。最后合计当年每季度生产产品总量及预定材料总量利用此图，可以准确计算产能和“以产订购”原材料的数量。

5．公司合作，实现共赢

在实训中，市场竞争是非常激烈的，在竞争中寻求与合作伙伴之间的双赢，才是企业发展的长久之道，企业才会有无限的发展机遇。各公司在进行组间交易时，要先登记附录 F 组间交易登记表。

### 4.3.3 运营总结

1．企业战略

1）企业战略的含义

企业战略是指在市场经济条件下，企业为谋求长期生存和发展，在充分分析外部环境和内部条件的基础上，以正确的指导思想，对企业主要目标、经营方向、重大经营方针、策略和实施步骤，做出长远的、系统的和全局的谋划。

2）企业战略的层次

企业战略可以分为公司战略、业务战略和职能战略。

3）企业战略的内容

一个完整的企业战略应该包括以下内容。

（1）外部环境与内部条件分析。企业要实现其作为资源转换体的职能，就需要达到外部环境和内部条件的动态平衡。要了解外部环境中哪些会为企业带来机遇，哪些会对企业形成威胁。进而了解企业内部资源条件是否充足、资源配置是否合理，只有全面把握企业的优势和劣势，才能使战略不脱离实际。

SWOT 是一种分析方法，也称 TOWS 分析法、道斯矩阵。20 世纪 80 年代初由美国旧金山大学的管理学教授海因茨·韦里克（Heinz Weihrich）提出，经常被用于企业战略制定、竞争对手分析等场合。该方法是指综合考虑企业内部条件和外部环境的各种因素，进行系统评价，从而选择最佳经营战略的方法。

这里的 S（Strengths）是指企业内部的优势，W（Weaknesses）是指企业内部的劣势，O（Opportunities）是指企业外部环境的机会，T（Threats）是指企业外部环境威胁。SWOT 就是把自己公司和竞争对手公司的优势、劣势、机会和挑战进行比较，然后决定某项新业务或新投资是否可行。SWOT 分析有利于公司在开展新业务前，仔细分析该业务是否会充分发挥自己的长处而避免自己的短处，以趋利避害，化劣势为优势，化挑战为机遇，即所谓的“知己知彼、百战不殆”，从而降低公司的经营和投资风险。

（2）战略目标。战略目标就是要回答企业在一个较长的时间里要完成什么，这个目标要体现时间限制、可计量，具有总领性和现实可行性。

（3）经营方向。经营方向指明了企业现在可以提供的产品与服务领域，以及在未来一定时期内决定进入或退出、决定支持或限制的某些业务领域。它为企业活动确定了界限。

（4）经营策略。经营策略规定了企业如何利用自身资源开展业务活动，以求实现战略目标。它应具体地规定企业管理阶层的工作程序和决策规则，研究和规划企业的经营重点，部署资源，明确企业的主要职能领域，如营销、生产、研究、开发、人力资源、财务等各方面的工作方针及相互关系的协调方法。

（5）实施步骤。实施步骤规定了一个战略目标需要分为几个阶段，以及每个阶段所要达到的阶段目标。由于战略目标是一个立足于长远发展的目标，因此不可能一蹴而就，客观上需要循序渐进，同时在战略方案的长期实施过程中，外部环境与内部资源条件不可能一成不变，分阶段实施战略目标，可以帮助企业有机会对其行为效果做出回顾和评价，以期对战略方案做出适当调整，从而更有效、更现实地追求战略目标。

2．选择战略

在 ERP 沙盘模拟课程中，企业管理层通过网络、经济周刊等渠道获得一定时期有关产品、价格、市场发展情况的预测资料，结合企业现有资源情况，进行战略选择。在此举几个例子。

（1）我们想成为什么样的公司？规模（大公司或小公司）、生产产品（多品种、少品种）、市场开拓（许多市场、少量市场）的确定，努力成为市场领导者还是市场追随者？为什么？

（2）我们倾向于何种产品？何种市场？企业竞争的前提是资源有限，在很多情况下，放弃比不计代价地掠取更明智，因此需要管理者做出决定：有限的资源是在重点市场、重点产品投放还是全面铺开？

（3）我们计划怎样拓展生产设施？有四种生产设施可供企业选择，每种生产设施的购置价格、生产能力、灵活性等属性各不相同。企业目前生产设施陈旧落后，若想提高生产能力，必须考虑更新设备。

（4）企业计划采用怎样的融资策略？资金是企业运营的基础，企业融资方式是多种多样的，有发行股票、发行债券、银行借款、应收账款贴现等。每种融资方式的特点及适用性都有所不同，企业在制定战略时应结合企业的发展规划，做好融资规划，以保证企业的正常运营，控制资金成本。

3．战略调整

企业战略不是一成不变的，而是根据企业内外部环境的变化和竞争对手的发展情况而调整的。每一年经营下来，都要检验企业战略的实战性，并且根据以后年度的市场趋势面结合公司自身优势和劣势，调整既定战略。

# 项目 5 实战评价

# 任务 5.1

## 年度评价

NIANDU PINGJIA

### 【学习目标】

（1）理解企业实质。

（2）能够对模拟企业进行科学管理。

（3）能够分析模拟企业存在问题，找出盈利途径。

（4）能够理解模拟企业信息化管理的必要性。

### 【任务描述】

以小组为单位，每一年年末，对年度运营进行总结，找出存在问题并提出解决方案。

### 【实训设备】

配套实训室、多媒体、沙盘教具。

## 【实训内容】

企业运营实战的几年中，学生每一年都会遇到不同的问题，每一年的体会也不一样，作为引导者的教师，必须就每一年所遇到的问题进行分析和总结，引导学生在不断的成功与失败中获取新的知识，全面提高学生的综合素质。

### 5.1.1 第一年实战评价

第一年主要是感性认识。第一年市场和产品比较单一，从长远发展来看，各团队要分析市场预测，合理融资，安排生产和采购，扩大规模，研发产品，开拓市场。

第一年经营结束，基本每个公司都处于亏损状态，应引导学生思考出现这种情况的原因，从而引出企业经营所关注的利润。

1．小组总结

每个公司都要思考本年度为什么亏损，亏在什么地方？预计能在第几年实现盈利？

2．教师点评

公司亏损的原因一般会包括：①订单量太少；②广告费投入太大；③产品研发投入较大；④投资新设备等。

分析：利润从何而来？

根据图 5.1，可以看出有两种方式提升利润：一是压缩右边的支出，二是提升左边的收入，即开源和节流。开源与节流的具体方法如图 5.2 与图 5.3 所示。

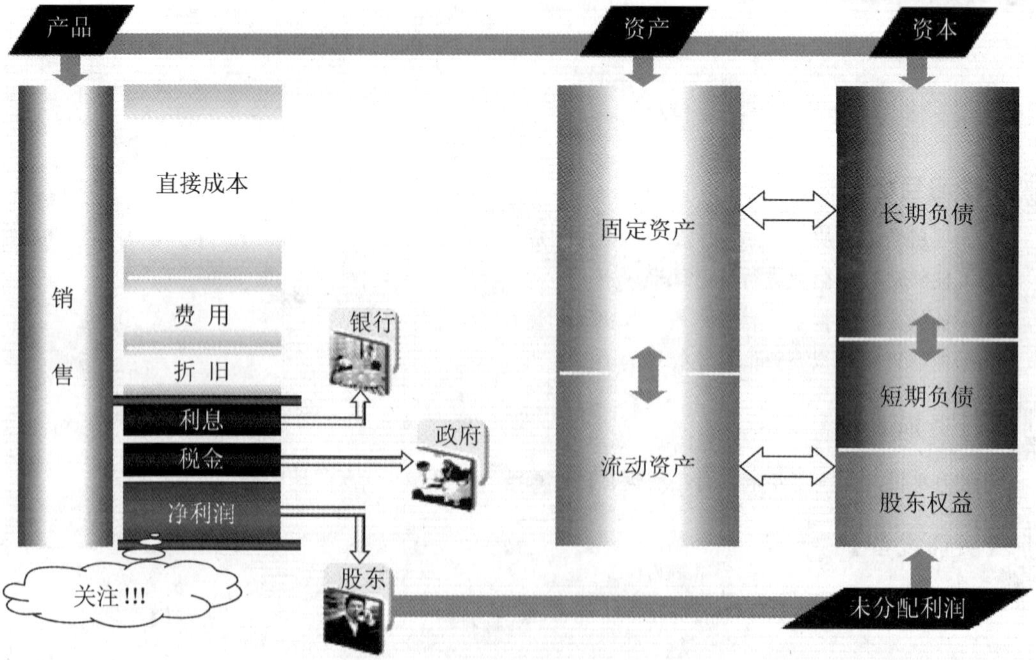


图 5.1 利润来源分析

开源——努力扩大销售

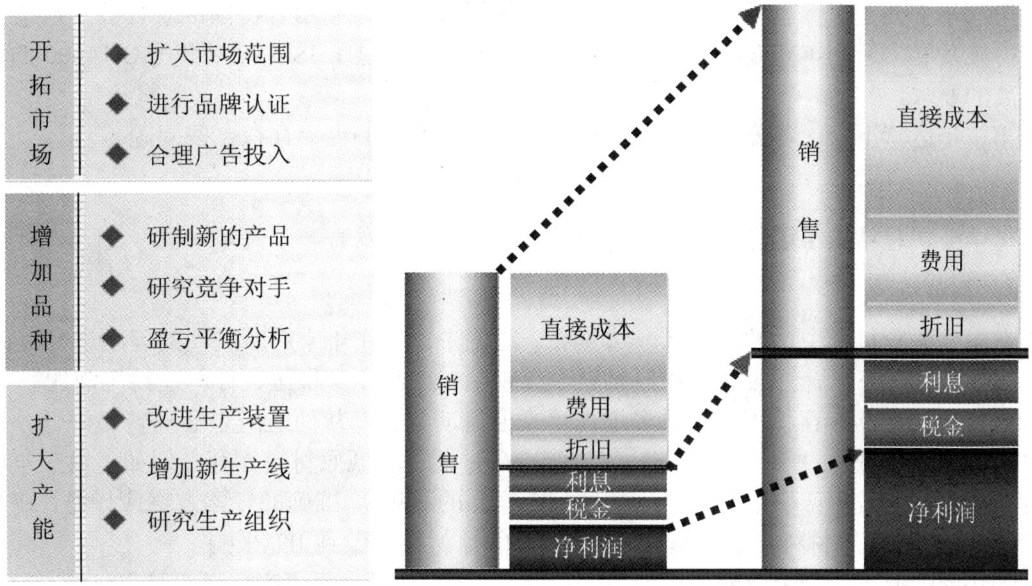


**图 5.2　销售收入来源分析**

节流——尽力降低成本

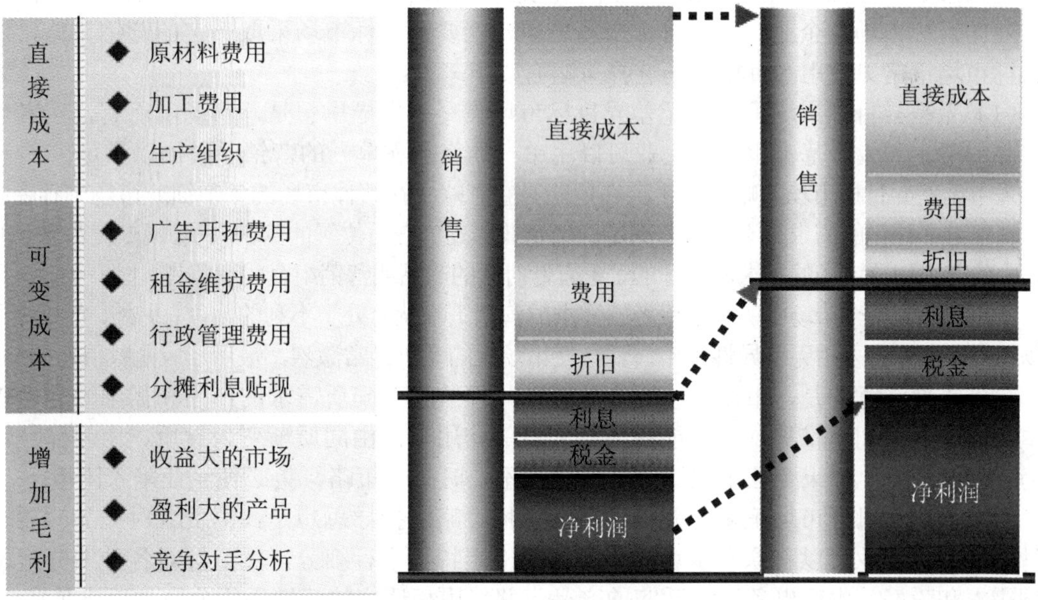


**图 5.3　成本支出分析**

各公司需结合第一年度运营总结，及时调整战略。

### 5.1.2 第二年实战评价

第二年主要是理性思考。进行生产效率与灵活性分析，利用甘特图准确计算生产能力。市场持续发展，后几年高端产品成熟，客户对厂商是否通过了 ISO 9000 和 ISO 14000 的认证有更高的要求。

第二年运营下来，各公司规则和流程应该比较熟悉，但也会存在一些问题。

1．小组总结

每个公司总结本年运营过程中出现的问题，并派代表发言。

2．教师点评

在学生运营过程中，教师可以一边查看一边记录，并在年末对所发现的问题进行点评。

第二年运营下来，一般会存在原材料库存积压、产品库存积压、订单违约等问题。

原材料和产品库存积压，会过多地占用企业流动资金，从而造成企业周转率降低。借助项目 4 中任务 4.3 中讲到的管理方法，进行准确采购，降低原材料库存。例如，第三年第四季度需要生产上线生产一个 P3 产品，根据 P3 产品的 BOM，准确的订购方案应该是，在第二季度订购一个 R3 原材料，第三季度订购两个 R2 原材料，做到 JIT 采购。

销售能力必须符合企业的生产能力，以“销”定“产”，以“产”订“购”。

第二年运营结束，也可以结合各公司市场和产品策略点评目标市场的选择和产品研发策略是否合理。

1）目标市场选择策略

通过市场细分化，可以更深入地了解和发现不同细分市场的不同特点和规律，从而选择出企业的目标市场。企业在选择目标市场之后，就要对目标市场采取一定的营销策略，这就是目标市场策略。常用的目标市场选择策略有以下三种。

（1）无差异目标市场策略。无差异目标市场策略的指导思想是，市场上所有消费者对某一产品的要求和爱好基本相同，企业可以用单一的产品和单一的营销手段加以满足。

采用无差异目标市场策略的一个潜在危险是它忽略了在整体市场的各个细分市场中存在的差别，消费者多样化的需求得不到充分满足。当企业遇到“合适位置的营销人员”（专门为满足整体市场中的某个细分市场的需求而设计的、更有针对性的产品或营销组合的竞争者）时，企业试图以一种产品来满足整个市场中所有消费者的需求的营销策略就会处于不利的地位。另外，如果在同一市场上许多企业都采用无差异性策略，就会使市场上的竞争异常激烈，最后形成几败俱伤的局面。

另外需要注意的是，市场是不断变化着的，那些具有同质需求的产品和需求差异性较小的产品，随着时间的推移，很可能在多种因素的作用下，由同质渐变为异质、由差异性较小变为差异性较大。如果企业不注意这些变化，不及时改变策略，势必使企业陷入困境。

（2）差异性目标市场策略。差异性目标市场策略的指导思想是，消费者对产品的需求是多种多样的，企业可以将原有市场按消费者的一定特征进行细分，然后针对各种细分市场的不同需求和爱好，生产出各种相适应的产品，并采用相适应的营销手段分别加以满足。

采取差异性目标市场策略的企业，一般拥有较宽、较深的产品组合和更多的产品线，实行小批量、多品种生产；不仅不同产品的价格不同，同一产品在不同地区的市场价格也有所差异；分销渠道可能各不相同，也可能几种产品使用同一渠道；促销活动也有分有合，具体产品的广告宣传是分开进行的，而企业形象的宣传则常常是统一的。这种策略运用的一个前提就是销售额扩大所带来的利益必须超过营销总成本的增加。由于受有限资源的制约，许多中小企业无力采用此种策略。具备较为雄厚的财力、较强的技术力量和高水平的营销队伍，是实行差异性策略的必要条件。

（3）密集性目标市场策略。密集性目标市场策略又称集中性市场策略，是指企业把自己的人力、物力和财力等有限资源集中在一个或少数几个细分市场上，实行专业化生产和销售。采用这种策略的优点是可以降低生产销售费用，提高市场占有率，创建名牌产品；缺点是目标市场较窄，所以容易受消费需求变化和竞争对手的影响，市场经营风险大，属于“将全部鸡蛋放在同一个篮子里”的策略。因此，采用这一策略的企业必须特别注意产品的独到性及竞争方面的自我保护，还要密切注意目标市场及竞争对手的动向。采用集中性市场策略的另一个危险是成为“从众谬误”的牺牲品。所谓“从众谬误”是指“对最大的、最容易识别的或者最容易进入的细分市场的盲目追求”。当公司成为“从众谬误”的牺牲品时，它们全都去追求公认的最好、最大、最可能获利的细分市场。但是，由于竞争的压力，企业可能会发现这些“最大、最好”的细分市场实际上比某些被忽略的较小的细分市场的获利性更小。

识别并将其他企业未充分满足的小细分市场确定为目标市场，这是一种有利可图的集中营销形式。

上述三种目标市场策略各有利弊，企业在选择时应考虑企业资源、产品所处的生命周期阶段和竞争对手的目标市场策略等因素的影响。

2）目标产品研发策略

（1）产品生命周期各阶段的特点。产品生命周期是指产品从进入市场开始，到最终完全退出市场为止所经历的全部销售时期。一个完整的产品生命周期可分为投入期、成长期、成熟期和衰退期四个阶段。

市场上的产品并非完全按产品生命周期的正常规律变化。有的产品一进入市场就快速发展，越过了投入期，但很快衰落。有的产品并没有经过快速成长期，而是从投入期直接进入成熟期。有的产品进入一次成熟期后，由于企业采用了新的有效的营销策略，或发现了产品的新用途或新市场，从而使产品生命周期不断延续。

（2）根据产品生命周期各阶段的特点采取的营销策略。

① 投入期。投入期的主要特点是生产批量小、成本高，只提供一种形式的基本产品，购买者多为富于冒险精神的年轻人，这一阶段的营销策略是努力提高产品的知名度，选择适当的目标市场，运用广告和促销等手段推销产品以创立产品的信誉，采用选择性分销以便在早期使用者和经销商中树立产品的知名度。

② 成长期。成长期的主要特点是接受该产品的顾客增多，产品销售额快速上升，生产技术趋于成熟，可以进行批量生产，生产成本下降，利润上升，同时有一些竞争者开始介入。这一阶段的营销策略是努力提高产品质量，增加花色品种，向用户提供完善的售前售后服务，采用渗透价格策略以吸引更多的潜在顾客，建立合理的销售网络以便于产品的销售，通过广告宣传创立名牌，树立产品的良好形象。

③ 成熟期。成熟期的主要特点表现为产品普及率大为提高，产品的销售量达到最高点。这个时期企业产品成本低，销售量大，利润高，但销售增长率放慢，同时市场竞争更加激烈。这一阶段的营销策略主要如下。

- 产品改革。这种策略包括品质改良，如提高耐用性、可靠性；性能改良，如增加适应性、方便性；形态改良，如提高产品的外形美。
- 市场改革。这种策略包括寻找新市场或市场中的新部分；增加产品新的用途，创造新的消费方式等。例如，杜邦公司开发的尼龙产品最初用于制造降落伞和绳索，市场面较窄，后来将市场扩大到服装领域、轮胎的帘子布等，使尼龙产品焕发生机。

➢ 市场营销组合改革。这是指改变某些市场组合的因素，以增加销售量，如运用降低价格、改进包装、扩大分销渠道、采用新广告、加强销售服务等营销手段刺激现有顾客增加使用率。

➢ 转移生产场地。这是指把处于成熟期的产品转移到某些生产成本低、市场潜力大的国家和地区继续经营。

④ 衰退期。衰退期的主要特点是产品在经济上已经老化，不能适应市场的需要，销售额和利润急剧下降。此时应采取撤退策略及时对产品进行调整，加速产品的更新换代，淘汰老产品，投入新产品。

### 5.1.3 第三年实战评价

第三年主要是科学管理。通过第二年的运营总结，各团队应进行市场分析与定位，包括市场调研、市场细分、机会与实力的平衡；进行生产与运营管理，包括产销排程、零库存目标、物料需求等。

企业运营到第三年，企业之间竞争比较激烈，融资比较困难，可以考虑高利贷、售转租等方式，调整生产线，促使市场需求量逐渐增大。

第三年运营下来，应该对企业进行科学管理。资金紧张是各公司最突出的问题，所以做好“现金流预算”是企业重要的工作，否则企业或者成本加大，或者面临“险境”。原材料采购应当“以产定购”，否则或者原材料积压占用大量资金，或者造成“停工待料”。生产计划应当“以销定产”，否则或者产品大量积压，或者不能按时交货。

### 5.1.4 第四年实战评价

第四年运营主进行成本核算。全成本核算可以分析企业利润不足的原因，找出改进的关键环节，如图 5.4 所示。本年度企业竞争更加激烈，有的团队因资不抵债或现金断流宣告破产，破产企业可以通过增资、债转股继续经营，但对破产的企业，对其广告投放、贷款额度等方面应有所限制。

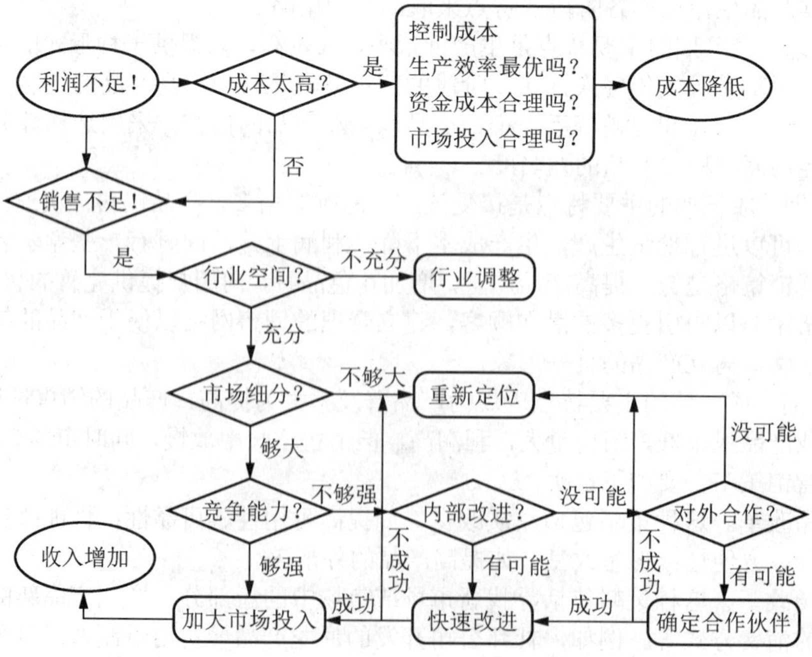


图 5.4 成本核算—经营规划的调整

### 5.1.5 第五年实战评价

第五年主要是企业评价。本年竞争依然激烈。国际市场已经开放，分析市场预测表，各市场对产品需求量大，各团队之间财务状况和经营成果差距拉大。

### 5.1.6 第六年实战评价

本年度是企业运营最后一年，各团队生产规模已经形成，各市场各产品依然需求量很大，关键是合理地投放广告和选订单。各团队的盈亏胜败大局已基本确定，但也会有个别的组在最后一年突出重围，取得较好成绩。

# 任务 5.2

## 模拟企业经营分析与诊断

MONI QIYE JINGYING FENXI YU ZHENDUAN

### 【学习目标】

（1）能够从市场、财务、综合等角度对企业经营管理中的要素进行简单分析。

（2）能够对本组模拟企业的经营问题和症结进行合理的分析与诊断。

（3）能够找出改善与提升模拟企业的整体经营管理水平的方法和策略。

### 【任务描述】

运用本任务中教师讲授的方法，对各自组的模拟企业经营情况进行合理、有效的分析与诊断，以便作出更合理的决策。

### 【实训设备】

配套实训室、多媒体、沙盘教具。

**【实训内容】**

在任务 5.1 中，指导教师对模拟企业每一年的经营状况进行了有侧重的讲解、点评，主要涉及企业的市场地位、生产运营状况、资金与成本、财务经营指标、常见问题等。本任务将进一步引导学生学习如何科学决策，即根据现有的经营数据对企业运营过程中的业务能力、财务能力及综合水平进行剖析，发现问题，提出改善建议并作出合理决策。

### 5.2.1 销售分析

企业要增加利润，就必须扩大销售，扩大销售即获取订单，而获取订单的前提又取决于市场竞争的优势地位。能否占有市场并取得经营的主动权，这与各企业的市场分析与营销计划是分不开的。在 ERP 沙盘模拟实战演练中，市场分析主要体现在市场开拓和广告投放。我们可通过市场占有率和广告投入产出比分析两个方面对模拟企业的市场策略能力进行评价。

1. 市场占有率分析

市场占有率是对企业的市场收益能力作出判断的一项指标，企业只有拥有了市场才能获得更多收益的机会。

市场占有率综合评定了企业在市场中销售产品的能力和获取利润的能力，既可以按销售数量统计，也可以按销售收入统计，一般通过横向和纵向两个方面进行分析。横向分析是对同一期间各企业市场占有率的数据进行对比，用以确定某企业在本年度的市场地位。纵向分析是对同一企业不同年度市场占有率的数据进行对比分析，用以反映同一企业在不同年度的市场地位变化趋势，从而反映企业的成长进程。下面以横向分析为例按年份进行模拟企业市场占有率情况分析。具体从综合市场占有率分析和产品市场占有率分析两个方面展开。

1）综合市场占有率

综合市场占有率是指某企业在某个市场上全部产品的销售数量（收入）与该市场全部企业全部产品的销售数量（收入）之比。其计算公式为

$$\text{某市场某企业的综合市场占有率}=\frac{\text{该企业在该市场上全部产品销售数量（或收入）}}{\text{全部企业在该市场上全部产品销售数量（或收入）}}\times 100\%$$

从图 5.5 中可以看出，A 企业第四年拥有最大市场份额（27%），成为市场领导者。E 企业在第四年市场占有率最低，仅为 8%。

2）产品市场占有率

产品市场占有率是指进一步确认企业生产的各类产品在各个市场的占有率情况，对企业分析市场、确立竞争优势具有重要作用。其计算公式为

$$\text{某产品市场占有率}=\frac{\text{该企业在市场上销售的该类产品总销售数量（或收入）}}{\text{市场上该类产品总销售数量（或收入）}}\times 100\%$$

从图 5.6 中可以看出，在第四年 P1 产品市场上，B 和 D 两家企业分别占有最大市场份额（20%），具有市场领导地位。而 A 企业的市场份额最低，仅为 11%。但在第四年 A 企业的综合市场占有率最大，因此，通过进一步分析可以得出，A 企业在第四年的主营产品为 P2 产品。

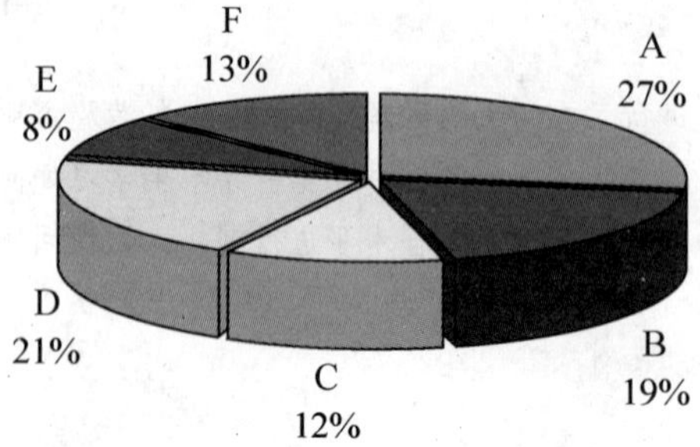


图 5.5　第四年综合市场占有率分析

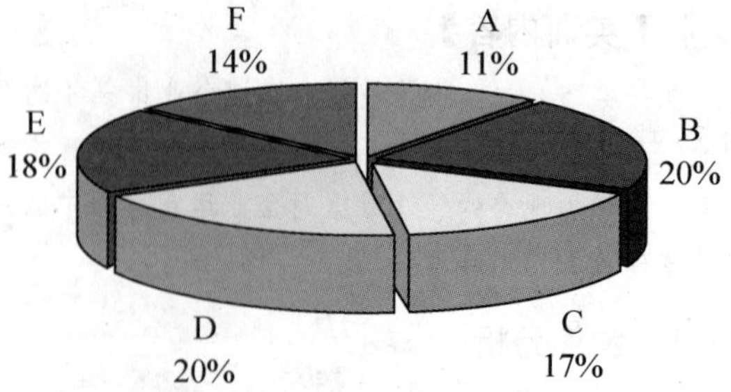


图 5.6　第四年产品市场占有率分析

2. 广告投入产出比分析

广告投入产出分析是作为评价广告投入收益率的主要指标。其计算公式为

$$广告投入产出比=\frac{订单销售额}{广告投入}$$

1）同一时期各模拟企业对比分析

该分析指标用来比较各模拟企业同期在广告投入上带来的订单销售额的差异，以此警示营销总监应深入分析市场和竞争对手，致力于寻求成本上的节约和有效的营销策略。

图 5.7 反映了第二年各模拟企业广告投入产出比情况。从中可以看出，E 企业每 1M 的广告投入为它带来 4.83M 的销售收入，因此其广告投入产出比胜过其他五家企业。

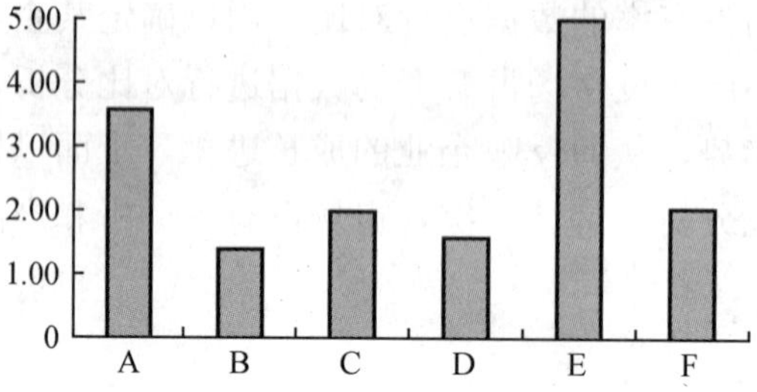


图 5.7　第二年各模拟企业广告投入产出比

再进一步分析，综合考虑第二年每家企业的广告费与销售订单的详细数据后，发现 E 企业的广告策略确实比较有效。毛利率基本与 A 企业持平，却相对减少了 3M 的广告费用投入，见表 5-1。

表 5-1　第二年各模拟企业广告投入与销售订单统计表

| 企业名称<br>项目 | A | B | C | D | E | F |
|---|---|---|---|---|---|---|
| 广告量 | 9 | 4 | 11 | 7 | 6 | 8 |
| 销售额 | 34 | 5 | 20 | 10 | 29 | 15 |
| 产品数 | 7 | 1 | 4 | 2 | 6 | 3 |
| 单价 | 4.9 | 5 | 5 | 5 | 4.8 | 5 |

2）不同时期各模拟企业累计对比分析

图 5.8 显示了六年间各模拟企业的累积广告投入产出比情况，从图 5.8 中看出，A 企业的

比值领先于其他企业，说明该企业在分析市场、制订营销计划方面具有比较优势，但最终营销能力评估结果还需结合详细数据按产品、市场及财务分析进行综合考量。

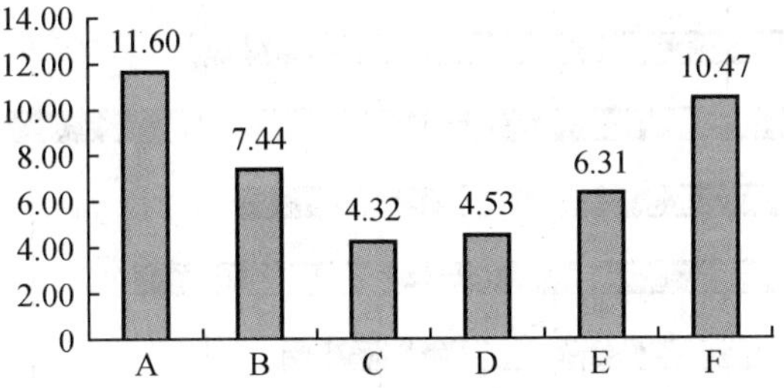


图 5.8　六年间模拟企业累计广告投入产出比

3．指导教师点评各模拟企业的市场营销及销售能力

市场营销与销售能力是各模拟企业营销需重点考虑的一个问题。指导教师根据各模拟企业实际的营销与销售情况有针对性地展开点评，有助于学生对市场营销策略的实际运营有更为深刻的认识。

1）市场需求预测的准确性判断点评

市场需求预测是对市场趋势的判断，根据沙盘模拟附录 H 中市场需求预测表中的数据可以看出，不同市场对产品的需求量和价格是不同的，利润率和需求时间也存在差异。因此，对市场趋势把握的准确程度直接影响着市场开发、产品研发、生产线投资等方面的决策。在此，指导教师可点评各模拟企业的市场开发时间和实施效果，以及未来若干年中市场趋势的理解和判断。

2）竞单效率和效果分析点评

各模拟企业在市场中的竞单情况主要从市场占有率和广告投入产出比分析两个方面进行，重点分析每一年各模拟企业在市场营销方面的策略、广告投入产出回报比是否合理。

3）情报获取能力的点评

沙盘就是一场博弈，知己知彼方能百战不殆。在 ERP 沙盘模拟实战演练中，为作出更有效的决策，获取竞争优势，各模拟企业要尽可能地搜集竞争对手的情报，如竞争对手开发了哪些市场、研发了哪些产品、生产能力如何、资本结构及筹资措施有哪些等方面。在此，指导教师可对情报获取的方法和技巧是否恰当，情报内容是否真实、全面，获取到的情报的利用率等问题进行点评。

### 5.2.2　成本分析

企业成本由多项费用要素构成，在 ERP 沙盘模拟中主要包括直接成本（原材料费、加工费等）、广告、经营费、管理费、折旧、利息等。了解各项费用要素在总成本中的比例，对成本构成进行分析，找出所占比例较高的项目进行重点分析，分析发生的原因，进而提出有效减控的措施。

下面将从三个方面对各模拟企业的成本进行分析。

1．经常性费用占销售比例分析

经常性费用即企业经营过程中每一时期必不可少的费用支出项目，在 ERP 沙盘模拟中主要包括直接成本（原材料费、加工费等）、广告、经营费（设备维修费＋场地租金＋转产费＋其他费用）、管理费、折旧、利息六项。

以模拟经营的第四年为例，如图 5.9 所示，A 企业第四年经常性费用占销售比例最小，因其折旧和利息费用相对较低；而 E 企业比例最高，因其广告投入、利息等费用所占比例较大。

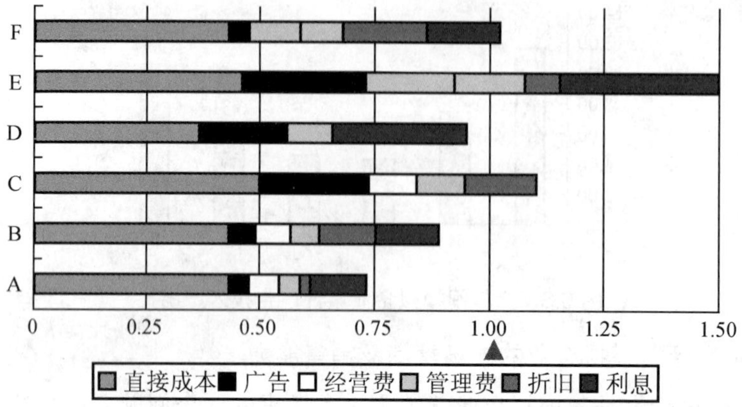


图 5.9　第四年各模拟企业经常性费用占销售比例

2. 综合费用构成比例分析

模拟企业的综合费用除上面提到的经常性费用外，还包括产品开发、软资产开发（市场开发、ISO 资格认证）等项目的成本支出。

如图 5.10 所示，在第四年，C、F 两家企业相比，F 企业的综合费用较高，若仅考虑经常性费用项目（图 5.9 所示），F 企业则小于 C 企业的经常性费用开支。原因就在于 F 企业在第四年进行了产品开发和软资产开发。

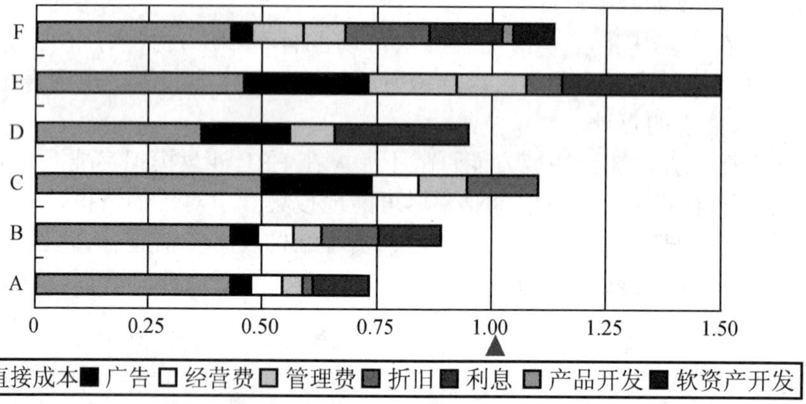


图 5.10　第四年各模拟企业综合费用占销售比例

3. 成本构成变化分析

在企业经营过程中，往往会由于某一决策的失误而给未来的经营带来困扰，所以找寻一种预警方法，对每一时点的指标状况进行跟踪分析，不失为一种良好的风险管控的方法。在此，通过在一个时点上，将模拟企业的成本构成比例指标与其他企业横向比较，来评价该企业的经营水平。

如图 5.11 所示，F 企业在前三年的各项费用比例指标变动较显著，这说明该企业当时经营环境发生着变化，企业经营可能遇到了问题。因此，这个信号给经营者带来了警示，应及时调整经营战略和策略。在接下来的两年中，各成本费用比例运行逐渐平稳，说明此时企业逐渐进入正轨，运营较为平稳正常。

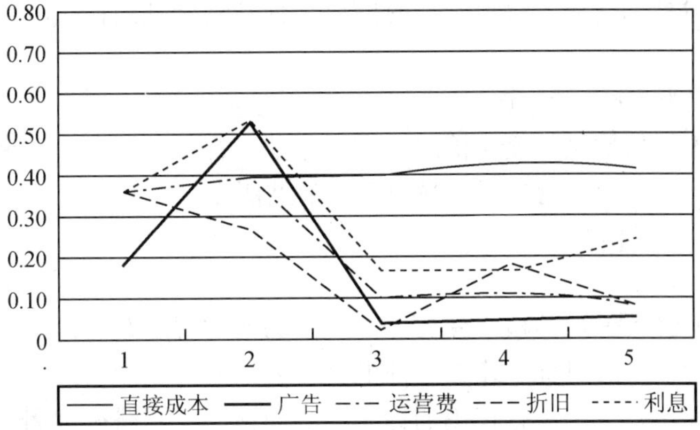


图 5.11 F 企业成本费用占销售比例的变化

如图 5.12 所示，F 企业成本比例构成中，直接成本比例变化显著，其他各项费用在前五年较为平稳。

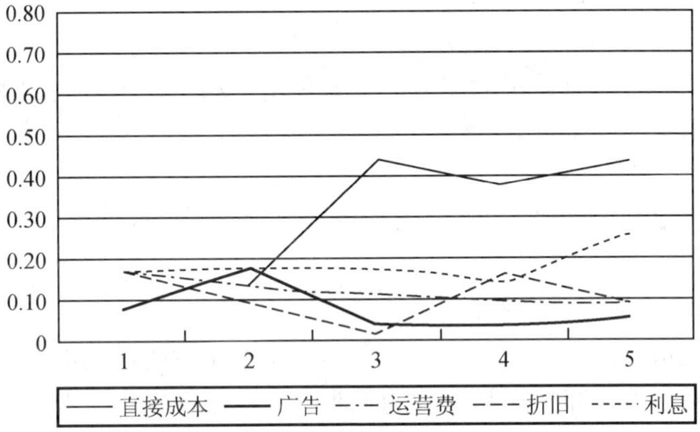


图 5.12 F 企业成本比例的变化

4. 指导教师点评各模拟企业成本构成与变化分析

在分年度点评时，曾强调企业要盈利就一定要开源节流，而这里的成本构成和变化分析正是为“节流”做好准备工作，在此基础上，提出切实可行的成本减控方案。

1）经常性费用占销售比例情况点评

通过分析，可以看出，在 ERP 沙盘模拟中，经常性费用中的固定项目为管理费，每年共 4M；变动项目包括直接成本、广告投入、折旧及利息支出。而且相对而言，这些变动项目所占成本比例也较大。而且，又由于模拟企业性质为生产型企业，因此直接成本构成基本都是居于首位，这其中就包括了原材料的采购、加工费用、生产线投资及厂房购买等部分。具体而言，指导教师可就如何投资生产线使折旧较少，原材料和成品库存费用是否过高，广告投入是否带来相应收益（结合广告投入产出比分析），是否存在利息过高、不合理的筹资策略等方面进行点评分析。

2）综合费用构成比例分析点评

指导教师重点针对各模拟企业在经营年度中的产品研发、市场开发、ISO 资格认证投入等情况进行点评，包括如何恰当选择开发时间，如何与现金使用情况相协调、产品研发的品种等。

3）成本构成比例变化分析点评

在此，采用成本构成比例的变化情况对模拟企业进行预警提示，强调变化是否均衡、合理，再进一步结合当时企业运营情况，找出具体症结所在。

### 5.2.3 财务分析

财务管理是企业经营管理的核心任务之一，而如何实现股东财富最大化或公司价值最大化又成为了财务管理的中心目标。作为企业的经营者需要对企业的经营绩效、经营风险、财务状况、获利能力和经营成本进行正确的评判，继而帮助企业获得利润。在这种情况下，掌握实用、有效的财务指标体系，进行合理的财务分析就显得尤为重要。

财务分析的方法有很多种，在本任务中，主要结合迈克尔·波特（Michael Porter）的五力模型对各模拟企业的财务指标进行量化分析，具体包括收益力、成长力、安定力、活动力和生产力五个方面。如果企业的这五项能力处于优良水平，就说明企业的业绩较好。

1．收益力

收益力反映企业是否具有盈利的能力，主要使用毛利率、销售利润率、总资产收益率和净资产收益率四个指标加以定量分析。

1）毛利率

毛利率是一个常用财务指标，说明单位销售收入所产生的利润。其计算公式为

$$毛利率=\frac{主营业务利润}{主营业务收入}\times100\%=\frac{销售收入-直接成本}{销售收入}\times100\%$$

作为获利的初级指标，毛利率可以从两个方面反映企业的获利能力：一是对具体产品而言，代表产品的盈利能力，即按产品计算的毛利率；二是从宏观企业整体而言，代表所有产品（产品线）的盈利能力，即利润表上所反映出来的毛利率。

2）销售利润率

销售利润率作为毛利率的延伸指标，是毛利减去综合费用后的剩余。显示企业主营业务的实际利润，用以反映企业经营的好坏。其计算公式为

$$销售利润率=\frac{营业利润}{主营业务收入}\times100\%$$

因每家企业的综合费用不尽相同，所以即使在两家企业毛利率相同的情况下，最终的销售利润率也有可能不同。

3）总资产收益率

总资产收益率是反映企业资产盈利能力的指标。其计算公式为

$$总资产收益率=\frac{净利润}{资产合计}\times100\%$$

4）净资产收益率

净资产收益率反映投资者投入资金的最终获利能力，是投资者最为关心的指标之一。其

计算公式为

$$净资产收益率=\frac{净利润}{所有者权益合计}\times 100\%$$

负债对该指标有一定的影响力，如两家企业总资产收益率相同，但负债不同，则相应的所有者权益会有所差异，导致净资产收益率不一定相同。

5）收益力数据实例分析

以第五年各模拟企业收益力指标数据为例，从表 5-2 可以看出，A 企业的获利能力相对较好，C 企业的销售利润率、总资产收益率和净资产收益率三项指标均小于 0，企业仍处于亏损状态。

**表 5-2 第五年各模拟企业收益力指标**

| 公司名称<br>收益力指标 | A 公司 | B 公司 | C 公司 | D 公司 | E 公司 | F 公司 |
|---|---|---|---|---|---|---|
| 毛利率 | 53.54% | 59.68% | 50.00% | 57.14% | 46.67% | 58.62% |
| 销售利润率 | 18.18% | 16.13% | −43.75% | −7.14% | 5.00% | 6.90% |
| 总资产收益率 | 22.00% | 17.70% | −3.92% | 14.29% | 11.21% | 20.48% |
| 净资产收益率 | 53.23% | 40.82% | −18.18% | 77.78% | 44.44% | 73.91% |

2．成长力

成长力反映企业的未来成长潜力，即持续获利能力。成长力指标由销售收入成长率、利润增长率和净资产成长率三个反映企业经营成果增长变化的指标组成。

1）销售收入成长率

销售收入成长率是衡量主营业务收入增长的比率指标，用于反映经营业绩的提高程度。其计算公式为

$$销售收入成长率=\frac{本期销售收入-上期销售收入}{上期销售收入}\times 100\%$$

该项指标数值越高说明企业经营业绩在未来有越大的提升空间，产品的市场需求旺盛且业务扩张能力强。如果企业能够连续几年保持 30%以上的销售收入增长率，则可以大致判断这家企业成长空间大，可持续发展能力较强。

2）利润增长率

利润增长率是衡量利润增长的比率指标，用于反映企业经营效果的提高程度，数值越大越好。其计算公式为

$$利润增长率=\frac{本期息前利润-上期息前利润}{上期息前利润}\times 100\%$$

一般而言，主营业务利润稳定增长且利润总额的比例呈增长趋势的企业正处于成长期。如果发现某家企业年度内利润总额有较大幅度地增加，但主营业务利润却没有相应增加，甚至大幅下降，则这类企业的经营效益不高，风险较大，可能存在资产管理费用居高不下等问题，必须谨慎投资。

3）净资产成长率

净资产成长率是衡量净资产增长的比率指标，用于反映股东权益提高的程度和净资产的

增长速度，该指标对投资者来说尤为重要。其计算公式为

$$净资产成长率=\frac{本期净资产-上期净资产}{上期净资产}\times 100\%$$

4）成长力数据实例分析

以第二年经营数据为例，见表 5-3，A 企业的销售收入成长率大于 30%，利润增长率和净资产成长率相对较高，说明其未来经营业绩、股东权益提高等方面发展态势良好。后续的经营情况也验证了这一点。但 D 企业虽在第二年销售收入有所改善，然而由于其后期经营管理出现了问题，几乎濒临破产。因此，对指标的运用还要综合评判，不能一概而论。

**表 5-3　第二年各模拟企业成长力指标**

| 公司名称<br>成长力指标 | A 公司 | B 公司 | C 公司 | D 公司 | E 公司 | F 公司 |
|---|---|---|---|---|---|---|
| **销售收入成长率** | 55.55% | −80.77% | 25.00% | 66.67% | −19.44% | 36.36% |
| **利润增长率** | −76.92% | −250.00% | −57.14% | −41.18% | −1 300.00% | −81.25% |
| **净资产成长率** | −43.40% | −48.28% | −42.31% | −48.98% | −21.54% | −58.00% |

3．安定力

安定力是衡量企业财务状况是否稳定、是否会出现财务危机的指标体系，具体由流动比率、速动比率、固定资产长期适配率和资产负债率四个指标构成。

1）流动比率

流动比率是体现企业偿还短期债务能力的指标。其计算公式为

$$流动比率=\frac{流动资产}{流动负债}\times 100\%$$

从公式可以看出，流动资产越多，短期负债越少，则流动比率越大，企业的短期偿债能力就越强。一般情况下，运营周期、流动资产中的应收账款数额和存货的周转速度是影响流动比率的主要因素。

2）速动比率

速动比率是扣除存货和待摊费用后的速动资产和流动负债的比值，其相对流动比率更能体现企业偿还短期债务的能力。计算公式为

$$速动比率=\frac{速动资产}{流动负债}\times 100\%=\frac{流动资产-存货-待摊费用}{流动负债}\times 100\%$$

一般而言，若速动比率小于 1，那么企业的短期偿债能力偏低。影响速动比率可信性的重要因素是应收账款的变现能力，账面上的应收账款不一定都能变现，也不一定都非常可靠。

3）固定资产长期适配率

固定资产长期适配率的计算公式为

$$固定资产长期适配率=\frac{固定资产}{长期负债+所有者权益}\times 100\%$$

该指标应该小于 1，反映了固定资产的购建应该使用还债压力较小的长期贷款和股东权益。因为固定资产建设周期长，且固化的资产变现能力弱。如果用短期贷款来构建固定资产，由于短期内不能实现产品销售而带来的现金回笼，势必造成巨大的还款压力。

4）资产负债率

资产负债率反映债权人提供的资本占全部资本的比例，该指标也称为负债经营比率。其计算公式为

$$资产负债率=\frac{负债}{资产}\times100\%$$

资产负债率不是绝对指标，需根据企业本身的条件和市场情况判定。一般而言，资产负债率数值越大，企业面临的财务风险也越大，获取利润的能力也越强。如果企业资金不足，依靠欠债维持，导致资产负债率特别高的时候，企业就会面临较高的偿债风险。资产负债率在60%～70%比较合理、稳健，达到85%及以上时，应视为发出预警信号，企业应引起足够的注意。

5）安定力数据实例分析

仍以第二年经营数据为例，见表5-4，考察流动比率和速动比率两项指标可以看出E企业的短期偿债能力最强；F企业的速动比率小于1，其短期偿债能力较弱。六家企业的固定资产长期适配率均小于1，说明各家企业还款压力尚可。总体看来，资产负债率为60%～80%，还比较稳健。

**表5-4　第二年各模拟企业安定力指标**

| 安定力指标 \ 公司名称 | A公司 | B公司 | C公司 | D公司 | E公司 | F公司 |
|---|---|---|---|---|---|---|
| 流动比率 | 4.05 | 3.25 | 3.45 | 2.20 | 4.10 | 1.80 |
| 速动比率 | 2.65 | 1.45 | 2.80 | 1.20 | 3.60 | 0.10 |
| 固定资产长期适配率 | 0.45 | 0.59 | 0.46 | 0.63 | 0.44 | 0.80 |
| 资产负债率 | 0.77 | 0.77 | 0.73 | 0.71 | 0.61 | 0.79 |

4．活动力

活动力是从企业资产的管理能力方面对企业的经营业绩进行评价，主要包括应收账款周转率、存货周转率、固定资产周转率和总资产周转率四个比率指标。

1）应收账款周转率

应收账款周转率是在制定的分析期间内应收账款转为现金的平均次数，也称为周转次数。其计算公式为

$$应收账款周转率=\frac{当期赊销净额}{当期平均应收账款}\times100\%=\frac{当期赊销净额}{（期初应收账款+期末应收账款）/2}\times100\%$$

应收账款周转率越高，说明其回收越快；反之，说明营运资金过多呆滞在应收账款上，影响到正常资金周转及偿债能力。

2）存货周转率

存货周转率是反映周转快慢的指标，其计算公式为

$$存货周转率=\frac{当期销售成本}{当期平均存货}\times100\%=\frac{当期销售成本}{（期初存货余额+期末存货余额）/2}\times100\%$$

从公式可以看出，销售成本越大，说明因为销售而转产的产品越多，销售利润也越多，库存越小，周转率越大。同时，该指标可以反映企业中采购、库存、生产、销售的衔接程度。衔接得好，原材料适合生产的需要，没有过量的采购，产成品适合销售的需要，没有积压。

3）固定资产周转率

固定资产周转率是用以评价固定资产的利用效率，即产能发挥是否充足。其计算公式为

$$固定资产周转率=\frac{当期销售净额}{当期平均固定资产}\times100\%$$
$$=\frac{当期销售净额}{（期初固定资产余额＋期末固定资产余额）/2}\times100\%$$

4）总资产周转率

总资产周转率用于衡量企业运用资产赚取利润的能力，该指标常和反映盈利能力的指标一起使用，全面评价企业的盈利能力。其计算公式为

$$总资产周转率=\frac{当期销售收入}{当期平均总资产}\times100\%=\frac{当期销售净额}{（期初资产总额＋期末资产总额）/2}\times100\%$$

该指标越高说明周转越快，继而反映企业销售能力越强。企业可以采用薄利多销的方法，加快资金周转，带来利润绝对额的增加。

5）活动力数据实例分析

以第四年经营数据为例（表 5-5），对于活动力的四项指标，数值越高，反映企业资产的管理能力就越强，存货积压就越小。但仍需结合当年企业真实经营状况，如 B 公司的应收账款周转率最高，表面看来，资金周转良好，但其在第四年进行了贴现业务，使得资金迅速周转。

**表 5-5　第四年各模拟企业活动力指标**

| 活动力指标＼公司名称 | A 公司 | B 公司 | C 公司 | D 公司 | E 公司 | F 公司 |
|---|---|---|---|---|---|---|
| 应收账款周转率 | 5.00 | 11.82 | 6.91 | 3.57 | 1.33 | — |
| 存货周转率 | 1.47 | 1.02 | 1.23 | 1.07 | 0.59 | 1.19 |
| 固定资产周转率 | 0.37 | 0.27 | 0.24 | 0.26 | 0.13 | 0.18 |
| 总资产周转率 | 0.80 | 0.62 | 0.48 | 0.59 | 0.22 | 0.48 |

5. 生产力

生产力是反映人力资源的产出能力的指标，通过计算人均利润、人均销售收入两个指标来衡量。计算公式为

$$人均利润=\frac{当期利润总额}{当期平均职工人数}=\frac{当期利润总额}{（期初职工人数＋期末职工人数）/2}$$

$$人均销售收入=\frac{当期销售净额}{当期平均职工人数}=\frac{当期销售净额}{（期初职工人数＋期末职工人数）/2}$$

人均利润指标说明人力投入与利润之间的关系，指标数值越大越好；人均销售收入指标说明人力投入与销售收入之间的关系，指标数值越大越好。总之，生产力指标旨在说明：企业规模扩大，员工数量增加，增加的这些员工生产是否有效率。

6. 指导教师点评各模拟企业的财务状况

具体而言，指导教师可以从以下几个方面开展对各模拟企业的财务状况的点评。

1）投资计划和现金预算合理性点评

点评重点包括：各模拟企业对把握资金流的长期规划程度，预计现金的流入和流出的准确性，投资计划的实施是否会出现资金的缺口，企业预算的制定和执行情况等方面。

2）资金筹措渠道分析点评

现金流对于企业来说至关重要，一旦出现断流，企业就濒临破产的边缘。因此，针对各模拟企业的情况，教师可以引导学生对这些问题加以关注。例如，是否选择了合理的融资方

式？筹资渠道是否经济合理？长短贷的选择时机是否正确？有无浪费或短缺？为保证资金流畅，各模拟企业是否需要提前进行资金筹措规划？

3）资金使用效果分析点评

通过长期贷款、短期贷款、贴息、高利贷等方式筹集来的资金都需要一定的成本，即利息、贴息或其他财务费用。因此，企业对获得的资金应最大化地合理使用，以创造更多的利润。指导教师对资金使用效果可以从下述几方面进行分析点评：各模拟企业对现金的使用是否进行了合理的开支预算？有没有未雨绸缪？所贷现金是否出现闲置现象？是否出现原材料库存积压问题等流动资产占用的现象？

4）财务报表及各项指标的应用程度分析点评

通过借助一些重要的财务指标，如毛利率、存货周转率、资产负债率等，使用一定的财务分析方法，如前述成本构成比例及变化分析、五力分析，以及后文即将提到的杜邦分析法等，都能对企业决策和内部诊断提供帮助。指导教师在点评时应考查各模拟企业是否会分析和使用财务报表，是否能够运用财务指标进行内部诊断和协助管理决策等。

### 5.2.4 杜邦分析

在财务分析中，我们通过五力模型对企业的财务状况进行考核，接下来，我们将运用杜邦财务分析体系（The DuPont System）这一系统的方法对企业综合财务状况进行考量。由于这种方法最早由美国杜邦公司创造出来，故名杜邦分析法。

杜邦分析法的基本思想是将企业净资产收益率（Rate of Return on Common Stockholders' Equity，ROE）逐渐分解为多项财务比率成绩，利用几种主要的财务比率之间的关系来深入、综合地分析企业财务状况、经营业务。继而对企业盈利能力和股东权益回报水平进行评价。

1．杜邦分析法结构说明

杜邦分析涉及企业获利能力方面的各项指标，如净资产收益率、销售利润率；也包括营运能力方面的指标，如总资产周转率；同时还涉及负债能力指标，如权益成数。通过把这些财务指标有机结合，进行综合、直观分析以发现企业经营中的财务等问题。

图 5.13 是一张杜邦分析构架图，其中以 A 企业第四年经营数据为例。从中可以看出，杜邦财务分析体系是将净资产收益率这个核心指标层层分解而形成的一个财务分析体系。从这一倒置的树状图来看，销售净利率、总资产周转率和权益乘数构成该指标的三个要素。

其中，权益乘数主要受到资产负债比率的影响。负债比率越大，权益乘数就越高，这说明了负债程度较高，能给企业带来较大杠杆利益的同时，也给企业带来了较大的财务风险。

总资产收益率指标分解为销售净利率和总资产周转率两项指标，继而又可以分解为财务报表中的有关项目，从而进一步发现问题背后的原因。假设某企业的总资产收益率低，那么这两个指标的原因都要加以考虑分析。如果是销售利润的原因，则需要开源节流；如果是总资产周转差，则需要提高资产的利用效率，减少资金闲置，加速资金周转。

可以看出，杜邦分析既涉及了企业获利能力方面的指标（净资产收益率、销售利润率），又涉及营运能力方面的指标（总资产周转率），同时还涉及偿债能力指标（权益乘数）。因此可以说，杜邦分析法是一个全面的财务分析方法。

2．指导教师点评各模拟企业杜邦分析结果

以图 5.14 中 A 企业经营数据为例。通过分析可知，该企业的第五年净资产收益率较前一年有所降低，影响原因主要在于总资产收益率和权益乘数的变动。结果表明，这两项指标中总资产收益率下降影响份额为 8.46%[=(0.19−0.22)×2.82],权益乘数下降影响份额为 7.6%[=0.19×(2.42−2.82)]。对于总资产收益率下降对净资产收益率的影响，可以通过强化企业管理，加强资金周转，增大销售净利来解决。对于权益乘数下降带来的影响，可考虑适当增加负债，利用财务杠杆来改善权益乘数，以最终提高净资产收益率。

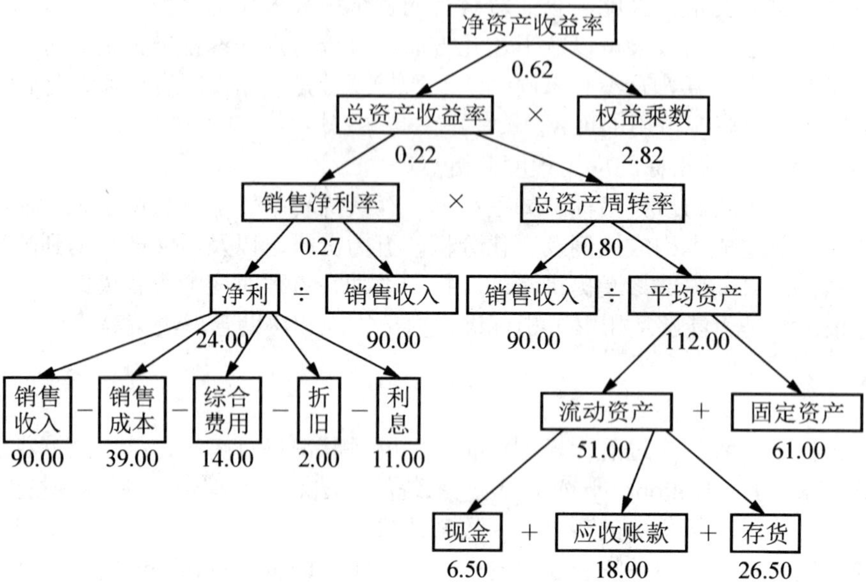


**图 5.13　杜邦分析构架图——以第四年杜邦分析为例**

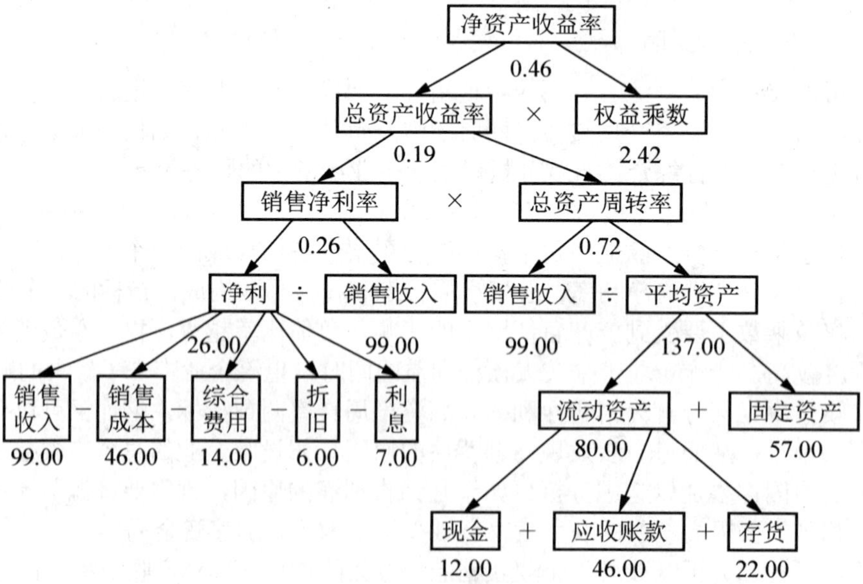


**图 5.14　杜邦分析构架图——以第五年杜邦分析**

而总资产收益率的下降又由销售净利率和总资产周转率下降两个方面引发影响。进一步分析，其中，销售净利率下降主要是由于直接成本、折旧、利息和所得税等费用的影响。因此，针对诸如 A 企业这一情况，建议继续降低综合费用，尤其是直接成本和折旧费用，同时提高销售净利率。

# 任务 5.3

## 模拟企业综合能力评价

MONI QIYE ZONGHE NENGLI PINGJIA

### 【学习目标】

（1）能够了解参评企业标准，努力使本企业在不破产的前提下良好运营。

（2）能够掌握企业违规及扣分标准。

（3）能够计算得出参评企业的总成绩。

### 【任务描述】

根据模拟企业综合能力评价指标，对本企业的经营业绩给予客观公正的评判。

### 【实训设备】

配套实训室、多媒体、沙盘教具。

【实训内容】

本任务将对模拟企业的综合能力进行评判，首先具有参评资格的企业是在激烈的市场竞争中“活下来”，即没有破产的企业；其次，在企业运作过程，不按规则出牌或超时完成运营的企业都将受到相应惩罚；最后，在此基础上，由教师带领学生根据企业综合能力评比指标对每一模拟企业的经营业绩给予整体评价。

### 5.3.1 参评企业标准

凡在实战运营过程中破产的企业均不得参加最终综合能力评比，以下条件中任一项均可作为破产发生的判别标准。

1. 现金断流

若在广告投放完毕、当季/年开始、当季/年结束、更新原材料库等四个测试点出现此类情况——已有现金加上最大贴现及出售所有库存及厂房贴现后仍未有足够的支付能力，则判断为现金断流，企业破产。

2. 资不抵债

若任意一年企业所有者权益合计为负，则企业宣告破产。

### 5.3.2 参评企业违规及扣分说明

竞赛最终是以评分为判别优胜标准。在企业运行过程中，对于不能按照规则运行的企业和不能按时完成运行的企业，在最终竞赛总分中，给予减分的处罚。

1. 提交广告超时扣分

在教师规定时间内不能按时提交广告的小组，超时在两分钟之内的，扣除一个权益（在第六年结束后扣除），如果两分钟后还不能提交广告，直接按放弃当年选单处理。

2. 年度经营运行超时扣分

运行超时是指不能按时完成当年运营且提交报表的情况。处罚：超时十分钟之内的，扣除一个权益（在第六年结束后扣除），如果到十分钟后还未完成当年运营或还不能提交报表，教师将封账处理。被强行封账的小组按破产自动退出比赛处理。

3. 报表错误扣分

年度提交报表时出现账目不平或错误情况，每次扣五分。

4. 申请高利贷扣分

模拟企业每申请一次高利贷，最终得分将扣除三分。

5. 流程不规范扣分

在运行过程中，出现逆流程操作，每次扣两分。

### 5.3.3 参评企业的综合能力评比指标

在 ERP 沙盘模拟课程中，对各模拟企业的最终综合评价应尽量接近企业真实价值，并且能够反映企业未来的发展和成长能力。在综合考虑模拟企业经营成果各方面因素的基础上，给定了企业综合能力评定标准：

各模拟企业总成绩＝所有者权益×（1＋企业综合发展潜力/100）

其中，企业综合发展潜力需要考虑企业目前的资产状况（如厂房、生产线组合等）、产品研发水平（P1、P2、P3、P4 产品研发情况）、市场（区域、国内、亚洲和国际市场的开发情况、1～6 年所取得的市场地位等）、所取得的认证资格（ISO 9000、ISO 14000）及若干扣分项（如高利贷）等。具体得分/扣分项目由指导教师根据现实教学情况加以补充完善。

# 项目 6　实战总结分析报告

# 任务 6.1

## 如何编写实训报告

REHE BIANXIE SHIXUN BAOGAO

### 【学习目标】

（1）能够掌握实战总结分析报告编制的基本要求。

（2）能够按照实战总结分析报告的要求，将本组的实战过程和成果进行有条理、较完善和专业的总结，并分组独立完成一份报告。

### 【任务描述】

结合本组模拟经营过程和成果，撰写 ERP 沙盘模拟实战总结分析报告。

### 【实训设备】

配套实训室、多媒体、沙盘教具。

【实训内容】

学生在学习 ERP 沙盘课程时，不仅仅是体验六年的经营过程，还需要善于总结，把经验、教训和企业经营中诊断出来的问题，一并进行处理、分析、判断，并提出切实可行的改善方案，形成书面的报告。这才能为以后的模拟实战或未来就业积累更多的经验，真正将所学转化为所有。

### 6.1.1 实战总结分析报告编制的基本要求

撰写实战总结分析报告应注意以下几方面的问题。

1. 明确主题、突出论点

首先要明确报告的主题，报告中所提出、论述和回答的问题及解决问题的措施要明确，不能似是而非、空谈一气。

2. 论据要科学，多用数据说话

报告书要真实地反映企业经营管理中存在的问题，要求所使用的描述语言必须准确恰当，引用的数据必须准确无误，并且尽可能用数字、图表说话，这样才能使报告具有说服力且直观、形象。

3. 使用统一、规范的经营成果评价指标

在报告中使用统一、规范的指标，便于进行组间横向比较和交流。

4. 使用较为专业的报告措辞

报告书应尽可能结构严谨、层次清晰，措辞简明且较为专业，避免口语化或使用自己杜撰的概念等。

5. 分组独立完成，并准时提交

总结报告是衡量各小组实战效果和评定成绩的重要依据，因此应分组独立完成，一旦发现抄袭等现象，本项成绩视为不合格。

### 6.1.2 实战总结分析报告编制的行文思路和基本格式

1. 报告编制的行文思路

实战总结分析报告可遵循“发现问题—分析问题—解决问题”的逻辑思路，一般应包括以下几个基本组成部分。

1）企业背景介绍

对本模拟企业的经营状况和成果进行简要说明，包括资产状况、市场情况、基本财务数据、经营业绩等方面。

2）企业经营现状及存在问题的提出

通过本模拟企业各年间经营数据的纵向对比，以及和竞争对手的横向比较，提出报告论点，发现企业经营存在的问题。

3）企业经营分析与诊断

根据项目 5 所学习的方法技能，对企业经营成果指标，包括销售分析、成本分析、财务分析、杜邦分析等指标进行分析、诊断，以得出问题产生的原因，找出因果联系。

4）提出发展和改善建议

作为总结报告的结论内容，应在对问题提出和分析的基础上解决这一问题，为企业未来的良好运营提出合理、有效的解决应对措施。这样才能算是一份完整、严谨的总结分析报告，可以作为企业管理层决策支持的依据。

2．报告编制的基本格式

实战总结分析报告的格式有以下几方面的具体要求。

1）封页和标题

在封页上应注明组别、人员、班级、日期等基本信息。报告标题应简明扼要，能准确反映报告的主要内容。标题采用中文黑体，二号。

2）正文

正文中主要按照上述行文逻辑思路展开。

一级标题：黑体小二加粗，单倍行距，段前 0.5 行，段后 0 行。

二级标题：黑体小三，行距固定值 20 磅，段前 0.5 行，段后 0.5 行。

三级标题：黑体四号，行距固定值 20 磅，段前 0.5 行，段后 0.5 行。

正文内容：宋体小四号，行距固定值 20 磅。

表标题：置于表格上方，居中，宋体五号字，单倍行距。

图标题：置于图的下方，居中；宋体五号字，单倍行距。

3）附录

报告如需附上一些证明材料或重要原始数据，可以在附录中列出。

### 6.1.3 实战总结分析报告编制的主要内容

本文中的实战总结分析报告主要是对模拟企业内部管理作出总结，而且学生的报告写作水平也有限，因而不对格式和体裁进行严格规范。但要求能够反映成果，微观和宏观面结合；抓住经验教训点，分析有理有据；提出较为合理的改善措施和建议。

1．经营概况描述

这一部分是对企业在分析期内的经营状况和成果做简要说明，对计划执行情况和主要指标完成情况主要以数据进行描述，以概括地反映企业经营的基本面貌。其中涉及的主要指标，通常是由所选择的评价方法、企业规章制度等决定的。

2．主要经营指标完成情况

这一部分基本是对经营成果的具体描述，包括计划和实际完成的财务指标和非财务经营指标，与上期或上年同期的对比。例如，会涉及主营业务收入或销售收入、销售毛利、销售净利润、产品销售率、资金周转率、投资收益率和权益收益率等。

3．经营状况分析

经营状况分析主要包括：①生产经营状况分析，即本期产量、销售额与上年同期比较评价；②成本费用分析，包括将本期经常性费用和总成本与上年同期对比，对异常变化的指标要分析其原因并找出提高效益、降低成本的具体方法。

4．财务指标分析

财务指标主要包括：①资金筹集与运用状况分析，具体而言是对应收账款和产成品库存进行分析，找出减少应收账款总额、缩短账龄及对库存积压问题进行有效处理的措施；②利润分析，分析利润增加或减少的原因，并寻求解决途径；③负债分析，通过负债比率、流动比率及速动比率等指标分析企业的偿债能力及财务风险大小，分析本期负债增加原因及负债成本，据此提出降低与改善的途径。

5. 其他分析或说明

对于一些上述未涉及的问题进行分析和说明，如对其他影响企业效益和财务状况的较大项目和重大事件做出的分析说明等。

6. 结论部分

在前面发现和分析问题的基础上，提出改善的建议与具体措施，包括生产、采购等业务的合理组织安排；销售中市场、产品的定位与广告的投放；如何降低企业总成本、提高利润等。

# 任务 6.2

## 实训报告示例

SHIXUN BAOGAO SHILI

### 【学习目标】

（1）掌握实训报告书写格式。

（2）能读懂实训报告示例，掌握各种分析方法的实际应用。

### 【任务描述】

分析该报告行文思路及主要内容，在名师指导下，参照示例，分组独立完成报告撰写工作。

### 【实训设备】

配套实训室、多媒体、沙盘教具。

**【实训内容】**

本任务以模拟实战的某小组为例，首先对其经营过程和时务结果进行分析，找出存在问题，接着对企业经营成果各项指标进行分析、诊断，找出问题背后的根源，最后给出针对性的解决措施。

实训报告参考版式如下。

**封页**

# 报告标题

黑体，二号，居中

组　　别________________

人　　员________________

班　　级________________

日　　期________________

仿宋，三号

一级标题：黑体小二加粗，单倍行距，段前 0.5 行，段后 0 行

# 1 企业背景介绍

本公司（D 公司）是一家生产制造企业，一直专注于 P 类产品的生产与销售。自六年前接手公司后，我们管理团队在 CEO 的带领下，团结合作、有效决策。目前已基本达成了股东的期望，取得了较好的经营业绩和行业竞争优势，综合竞争力排名第一。

经过六年的苦心经营，我们公司的固定资产包括一个大厂房，六条生产线（其中手工生产线两条、半自动生产线三条、全自动生产线一条）；在已有 P1 产品生产资格的基础上，又研发了 P2 和 P4 产品生产资格；新开拓了区域、国内和亚洲市场；取得了 ISO 9000 和 ISO 14000 认证。总资产达 205M，所有者权益上升至 93M，综合得分为 269.7 分。

二级标题：黑体小三，行距固定值 20 磅，段前 0.5 行，段后 0.5 行

# 2 企业经营情况及存在问题分析

## 2.1 企业经营过程分析

### 2.1.1 企业初始战略的制定与调整

三级标题：黑体四号，行距固定值 20 磅，段前 0.5 行，段后 0.5 行

在企业运营过程中，我们充分体会到了战略和决策的重要性。总体来说，我们的经营思路是稳步向前，规避风险。运营伊始，在对市场进行充分分析和预测的基础上，通过群体决策，我们初步达成以下战略目标。

（1）产品研发及销售：六年内暂不研发 P3 产品，从第一年开始就投资研发 P2、P4 产品。基于这种研发战略，我们计划开始两年重点销售 P1 产品，第三年和第四年主推 P2 产品，最后两年销售 P4 产品。

（2）市场开拓：根据本公司主营产品在市场上的需求量，我们计划主要开拓国内及亚洲市场。考虑到区域市场后续发展潜力较弱，故暂不开拓区域市场。又考虑到国际市场投资期长且对 P4 产品的需求量极少，因此也放弃这一市场。

（3）生产线投入：坚持“以销定产”的基本原则，视市场情况进行生产线投资。

在实际执行过程中，随着我们经营经验的不断积累及与竞争对手的互动，上述战略也进行了适时调整。例如，后续我们发现 P2 产品在区域市场上的订单并

不少，而当时仅有本地和国内市场的我们并不占优势，因此在第三年年末补充开拓了区域市场。又如，在最初战略制定时，我们并没有重视资金的运作，第一年年末没有借长期贷款，导致第二年年初仅有 1M 现金用于广告投放。在这种财务危机的情况下，我们及时在第一季度初进行了短期贷款 40M，解了燃眉之急并引以为戒，努力做到后续现金流的畅通。可以说，六年的经营，我们就是“摸着石头过河”的探索过程，但是也正是基于这种探索式的体验，我们才会不断总结经验教训，经营得越来越好。

### 2.1.2 企业实际运营执行过程分析

1）开发战略的执行与运营情况

根据上述战略和后续博弈中的调整，我们公司进行了如下投资、开发活动，见表 6-1。

表标题置于表格上方，居中，宋体五号字，单倍行距

表 6-1　D 公司 1～6 年各项投资开发及完成情况表

单位：个/M

| 年份 | 产品研发 | | 市场开发 | | | ISO 资格认证 | | 生产线投资 | |
|---|---|---|---|---|---|---|---|---|---|
| | P2 | P4 | 区域 | 国内 | 亚洲 | ISO 9000 | ISO 14000 | 半自动 | 全自动 |
| 1 | √ | | | √ | √ | | | | |
| 2 | √/○ | √ | | √ | √ | | | √/○ | |
| 3 | | √/○ | √ | ○ | √ | √ | √ | | |
| 4 | | | ○ | | ○ | √ | √ | √ | √ |
| 5 | | | | | | ○ | √ | √/○ | ○ |
| 6 | | | | | | | ○ | | |

注：√表示投资过程；○表示投资完成。

通过六年实战验证，产品研发和市场开发较为及时且配合得比较好，但 ISO 认证和生产线投资较为滞后，导致公司产能不足，阻碍了我们公司的产品销售，导致利润增长缓慢。

2）实际生产销售经营情况

六年的实战演练使我们深刻体会到 ERP 沙盘模拟中组织内各部门配合的重要性，尤其是产、供、销三者的平衡。我们公司采取 MTO 生产模式，即按订单生产，并以尽量降低库存为目标。表 6-2 列举了六年的生产、采购、销售、库存数据。从中可以看出，本公司六年来订单达成率为 100%，信誉较好；生产基本满足销售需求，但也出现过产能不足及过剩的情况；产成品库存除了第五年

为了备货准备，其余年份一直较低；采购量波动较大，给生产造成了一定困难。

表 6-2　D 公司 1～6 年实际生产销售经营情况表

单位：个/M

| 年份 | 广告额 | 订单量 | | | 产量 | | | 采购量 | | | | 库存/M | | | 销售量 | | |
|---|---|---|---|---|---|---|---|---|---|---|---|---|---|---|---|---|---|
| | | P1 | P2 | P4 | P1 | P2 | P4 | R1 | R2 | R3 | R4 | 原材料 | 在制品 | 产成品 | P1 | P2 | P4 |
| 1 | 12 | 7 | | | 6 | | | 3 | | | | | 8 | 4 | 7 | | |
| 2 | 1 | 6 | | | 5 | | | 7 | 6 | | | 5 | 8 | 2 | 6 | | |
| 3 | 5 | 2 | 7 | | 1 | 7 | | 7 | 6 | | | | 15 | | 2 | 7 | |
| 4 | 4 | | 8 | | | 8 | | 3 | 5 | 2 | 4 | | 20 | | | 8 | |
| 5 | 6 | | | 6 | | | 10 | | 12 | 12 | 24 | | 30 | 20 | | | 6 |
| 6 | 12 | | | 18 | | | 14 | | 8 | 8 | 16 | | | | | | 18 |

## 2.2　企业财务结果分析

### 2.2.1　历年年末财务报表汇总

在激烈的市场竞争中，企业首先要确保能够生存下来，避免破产的危险。基于此，我们的财务总监精打细算，精细到每 1M 的使用，不遗漏任何费用的开支，并及时提供现金情况来调整经营步伐。但仅仅生存下来是不够的，因此在生存的基础上，我们还期望发展得更好，即实现利润的提升与最大化。为此，我们格外重视对每一年年末财务报表的分析，以此为指导，找出问题症结，尽力做到开源节流。表 6-3 和表 6-4 是我们公司 1～6 年的利润表和资产负债表汇总，能够清晰地反映出企业六年来的经营成果，具体包括收入情况、费用耗费情况、利润实现情况、负债及股东收益等，是后续财务分析的基本资料。

表 6-3　D 公司 1～6 年年末利润表

单位：M

| 项目 \ 年份 | 符号 | 1 | 2 | 3 | 4 | 5 | 6 |
|---|---|---|---|---|---|---|---|
| 销售收入 | ＋ | 36 | 29 | 68 | 60 | 57 | 170 |
| 直接成本 | － | 14 | 12 | 25 | 24 | 30 | 90 |
| 毛利 | ＝ | 22 | 17 | 43 | 36 | 27 | 80 |
| 综合费用 | － | 26 | 13 | 27 | 22 | 17 | 22 |
| 折旧前利润 | ＝ | −4 | 4 | 16 | 14 | 10 | 58 |
| 折旧 | － | 4 | 4 | 2 | 2 | 1 | 8 |
| 支付利息前利润 | ＝ | −8 | | 14 | 12 | 9 | 50 |

续表

| 项目 \ 年份 | 符号 | 1 | 2 | 3 | 4 | 5 | 6 |
|---|---|---|---|---|---|---|---|
| 财务收入/支出 | +/− | 4 | 4 | 6 | 5 | 6 | 13 |
| 额外收入/支出 | +/− | | | | | | |
| 税前利润 | = | −12 | −4 | 8 | 7 | 3 | 37 |
| 所得税 | − | | | | | | 12 |
| 净利润 | = | −12 | −4 | 8 | 7 | 3 | 25 |

表 6-4　D 公司 1～6 年年末资产负债表

单位：M

| 资产 | | | | | | | 负债和所有者权益 | | | | | | |
|---|---|---|---|---|---|---|---|---|---|---|---|---|---|
| 流动资产： | 1 | 2 | 3 | 4 | 5 | 6 | 负债： | 1 | 2 | 3 | 4 | 5 | 6 |
| 现金 | 1 | 37 | 39 | 24 | 53 | 78 | 长期负债 | 40 | 40 | 40 | 40 | 80 | 80 |
| 应收账款 | 36 | 29 | 17 | 36 | 57 | 66 | 短期负债 | — | 40 | 20 | 40 | 80 | 20 |
| 在制品 | 8 | 8 | 15 | 20 | 30 | — | 应付账款 | — | — | — | — | — | — |
| 产成品 | 4 | 2 | — | — | 20 | — | 应交税金 | — | — | — | — | — | 12 |
| 原材料 | | 5 | — | — | — | — | 一年内到期的长期负债 | — | — | — | — | — | — |
| 流动资产合计 | 49 | 81 | 71 | 80 | 160 | 144 | 负债合计 | 40 | 80 | 60 | 80 | 160 | 112 |
| 固定资产 | | | | | | | 所有者权益 | | | | | | |
| 土地和建筑 | 40 | 40 | 40 | 40 | 40 | 40 | 股东资本 | 50 | 50 | 50 | 50 | 50 | 50 |
| 机器和设备 | 5 | 9 | 7 | 5 | 28 | 21 | 利润留存 | 16 | 4 | — | 8 | 15 | 18 |
| 在建工程 | — | — | — | 20 | — | — | 年度利润 | −12 | −4 | 8 | 7 | 3 | 25 |
| 固定资产合计 | 45 | 49 | 47 | 65 | 68 | 61 | 所有者权益合计 | 54 | 50 | 58 | 65 | 68 | 93 |
| 资产总计 | 94 | 130 | 118 | 145 | 228 | 205 | 负债和所有者权益总计 | 94 | 130 | 118 | 145 | 228 | 205 |

### 2.2.2　财务结果数据分析

对上面财务数据稍加整理，可得出一些基本财务指标，以用于分析企业经营业绩。

1）企业 1～6 年盈利能力分析

本公司 1～6 年的销售收入、毛利润及净利润的变化情况如图 6.1 和图 6.2 所示。

从图中可以看出，本公司自第三年开始盈利，六年来利润基本呈增长趋势，在第 3～5 年间出现少量萎缩，第六年又出现激增变化；净利润随着毛利润的变化而变化，差值稳定。

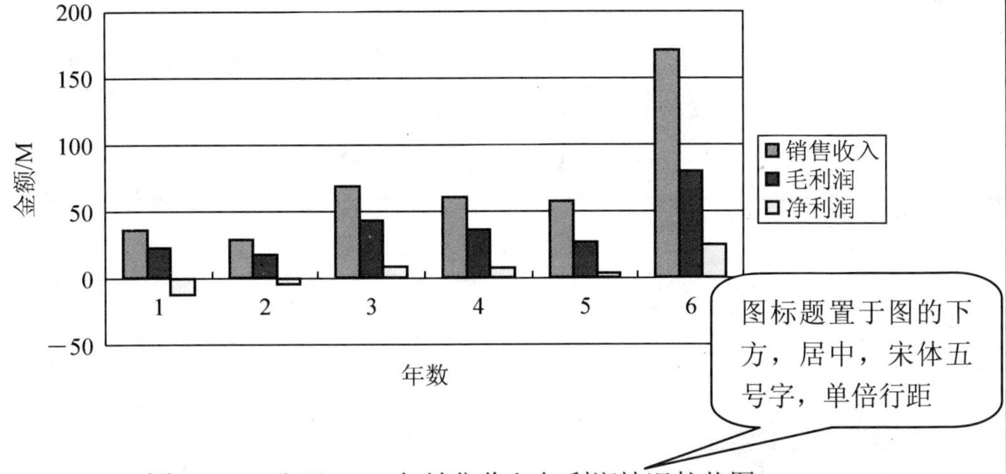


图 6.1　D 公司 1～6 年销售收入与利润情况柱状图

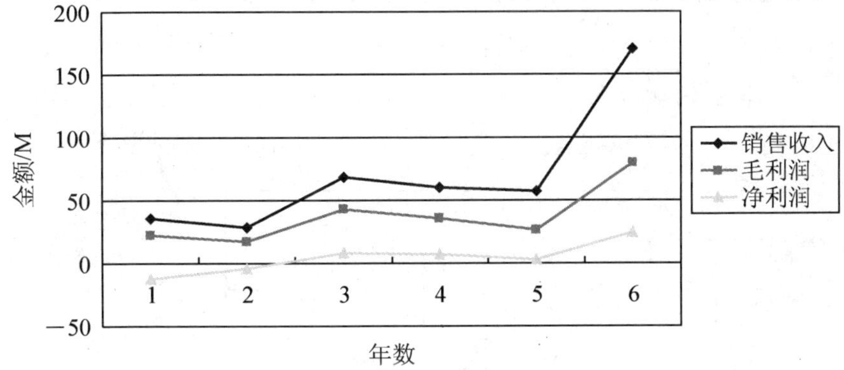


图 6.2　D 公司 1～6 年销售收入与利润情况折线图

2）企业 1～6 年经营绩效评估

以总资产收益率和净资产收益率作为衡量企业经营绩效的关键指标。如图 3 所示，本公司在第三年实现收益率的正增长，和利润变化一致，均在第 3～5 年出现小幅下滑，在第六年突然上涨，整体趋势以上行为主。

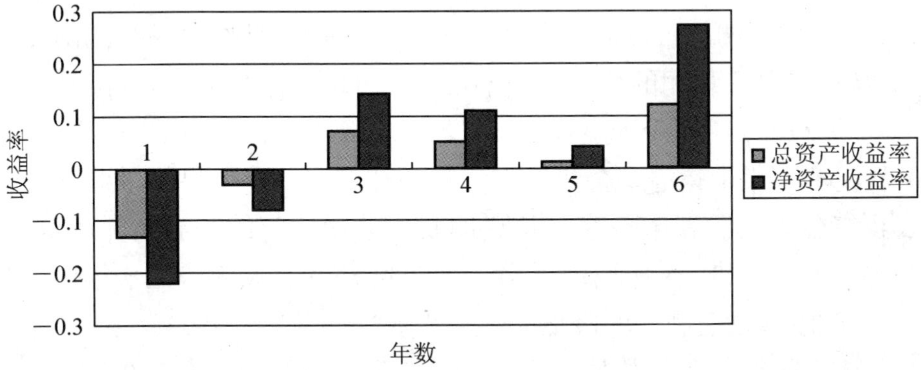


图 6.3　D 公司 1～6 年总资产收益率和净资产收益率柱状图

3）企业第六年经营业绩横向比较

为了更清晰地认知公司经营业绩，在此以第六年利润指标作为对比数据，与其他竞争对手进行比较分析。基本数据见表 6-5。

表 6-5　六家公司第六年利润指标汇总表

| 项目＼公司名称 | A | B | C | D | E | F |
|---|---|---|---|---|---|---|
| 销售收入/M | 108 | 125 | 99 | 170 | 78 | 53 |
| 净利润/M | 21 | 16 | 20 | 25 | 13 | 1 |
| 利润率 | 0.19 | 0.13 | 0.20 | 0.15 | 0.17 | 0.02 |
| 所有者权益/M | 93 | 99 | 100 | 93 | 55 | 50 |
| 总资产收益率 | 0.13 | 0.08 | 0.13 | 0.12 | 0.14 | 0.01 |
| 净资产收益率 | 0.23 | 0.16 | 0.2 | 0.27 | 0.24 | 0.02 |

对表 6-5 数据进行分析，得出第六年六家公司的利润率及资产收益率指标。如图 6.4 所示，本公司（D 公司）在第六年利润率和总资产收益率较高，净资产收益率领先同行，说明总体经营业绩良好，对股东的回报较为丰厚。

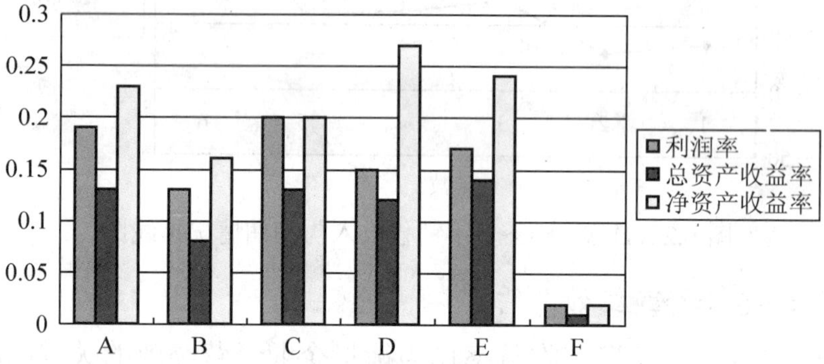


图 6.4　D 公司第六年利润指标柱状对比图

## 2.3　存在问题

经过上述初步分析，可以看出我们企业这六年基本是按照最初的战略一步一步稳定发展，实现了利润的增长和具有竞争力的经营业绩。但是，从结果和过程分析中来看，也存在以下问题。

（1）从比赛结果上来看，企业第六年权益排名不高，如果仅以此作为评判工具，那么我们公司只能算作中等。这说明我们公司历年的利润累计还有待提高。

（2）销售额在第 3～5 年出现下滑，而市场整体需求在这几个年份都是日趋旺盛的，这直接导致毛利润的降低。

（3）前期生产线落后且数量较少，与同期其他公司相比产量相对落后，导致产能不足现象的出现。

（4）ISO 认证投资过晚，尤其是 ISO 14000，到第六年才投入使用，制约了对有 ISO 14000 认证要求的客户的订单争取。

（5）缺乏同其他公司的合作，失去了低价购入其他公司产品的机会。

除此之外，还出现过规则错误、采购不及时、账目不平被罚款等问题。

这些问题看似杂乱无章，其实一层一层地剖开、解析来看，可以发现是有因果联系的。接下来，我们将采用 QBQ（Question behind Question，问题背后的问题）的方法，寻找真正原因，深刻总结经验和教训。

# 3 企业经营分析与诊断

## 3.1 销售分析

企业要想赚钱，首先必须“开源”，销售收入的高低直接影响了利润的增长。本公司整体销售情况良好，累计市场占有率达 19%，高于其他竞争对手（图 6.5）。

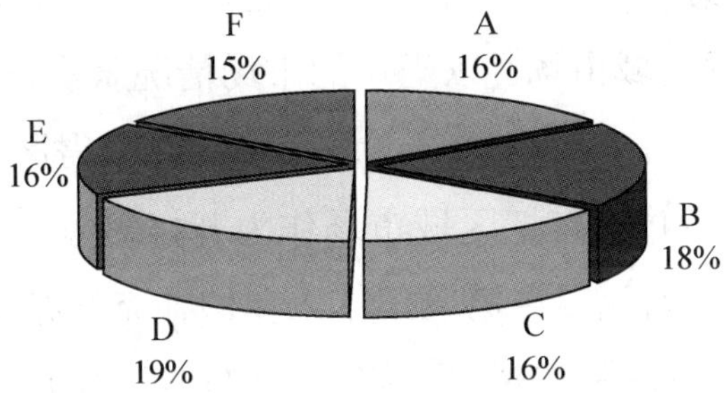


图 6.5 累计市场占有率

但正如前文指出的存在问题，本公司销售收入自第 3～5 年出现下滑，这也是造成最终所有者权益不尽如人意的直接原因。那么，又是什么原因导致了销售欠佳呢？首先，我们对六年来的销售数据进行分析，见表 6-6。

表 6-6 销售数据汇总表

单位：M

| 指标<br>年数 | 销售收入 | 销售收入排名 | 广告投入 | 广告投入产出比 | 市场占有率/% | 占有率排名 |
|---|---|---|---|---|---|---|
| 1 | 36 | 1 | 12 | 3 | 31 | 1 |
| 2 | 29 | 5 | 1 | 29 | 16 | 4 |
| 3 | 68 | 5 | 5 | 13.6 | 16 | 4 |
| 4 | 60 | 5 | 4 | 15 | 15 | 5 |
| 5 | 57 | 6 | 6 | 9.5 | 12 | 5 |
| 6 | 170 | 1 | 12 | 14.17 | 28 | 1 |

表 6-6 中数据显示，本公司首尾两年销售情况较好，且历年销售收入整体趋势向上发展。但是，销售收入排名和市场占有率在中间几年都处于下游，说明市场这块蛋糕是在不断变大的，作为绝对值的销售收入并不能完全反映出公司的销售业绩。

以第二年为例，当年针对本地市场 P1 产品投放广告 1M，获得了 29M 的销售收入，广告投入产出比是历年最高的。表面上看来，这次广告投入策略非常好，考虑到了公司当年在本地市场上市场老大的地位，所以以少量广告换来高额订单。但实际上，随着市场第二年需求量的增加，我们公司本应可以争取到更多订单。制约原因主要如下。

（1）现金流困境。当时只有 1M 可用现金；试想以我们在本地市场上的优先选单优势加上总订单量（六张）超过竞单企业（五家）的实际情况，只要多投 2M，我们就可以有两次选单机会，可惜受制于现金，我们丧失了这次机会。现金流的问题又是由于第一年年末没有考虑长远，未借入长期贷款导致的。

（2）没有及时开发区域市场。以当年的市场情况来看，如果我们在第一年就开发了区域市场，也有机会获得这一市场订单，并取得区域市场龙头的地位。但我们最初制定的战略并没有把区域市场作为开拓对象，后来的实践也证实了我们这项决策的失误，因此，在第三年年末我们补充开拓了区域市场。

（3）产能不足，生产线投资过晚。假使我们有足够的广告费用，也开发了区域市场，但是以当时的生产现状，我们仍不能拿到更多更好的订单。这是由于生产能力制约了销售能力。第二年第一季度我们开始投资第二条半自动生产线，用于生产 P2 产品。除此之外，还有三条手工生产线生产 P1 产品，一条半自动生产线在第三季度转而生产 P2 产品。当年产能为五个 P1，和实际产量相同，说明已经全部开工。因此，主要是由于生产线数量少，生产周期长造成的。同样，在后面三年中我们一直受制于产能不足。直到第五年两条半自动生产线和一条全自动生产线正式投入使用后，情况才开始好转，并且为第六年销量大增奠定了基础。

## 3.2 成本分析

“利润＝收入－成本”这一恒等式是不变的，因此，除了“开源”，我们还要努力“节流”。统计企业六年综合费用（包括直接成本、广告、经营费、管理费、折旧、利息及产品开发、市场开发、ISO 认证等项目）占销售比例的数据，绘制成图。如图 6.6 所示，每一个柱体代表每 1M 的销售额中分摊的综合成本比例，前两年高度高于 1，说明那时企业处于亏损状态；自第三年后高度均低于 1，说明自此企业一直保持盈利。但是在第 3～5 年，比例出现递增现象。

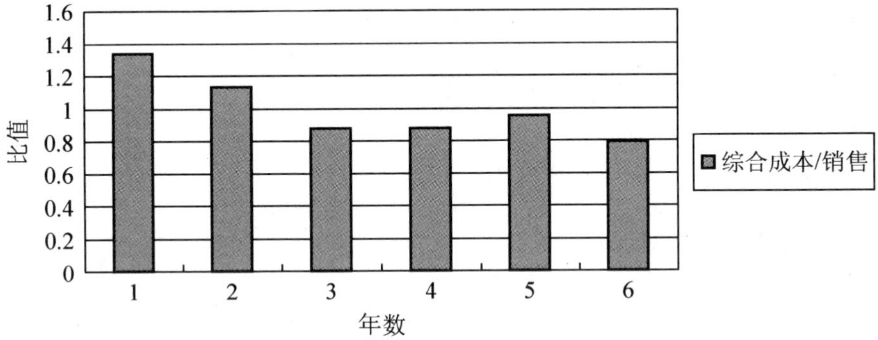


图 6.6　D 公司历年综合成本/销售柱状图

进一步分析，将本公司六年各项成本除以销售收入，得出成本/销售变化图。如图 6.7 所示，在各项成本变化中，直接成本增长显著，折旧随着生产线后期投资的增大而提取更多。这主要是由于第三年年末开始追加投资 ISO 认证及多条生产线。

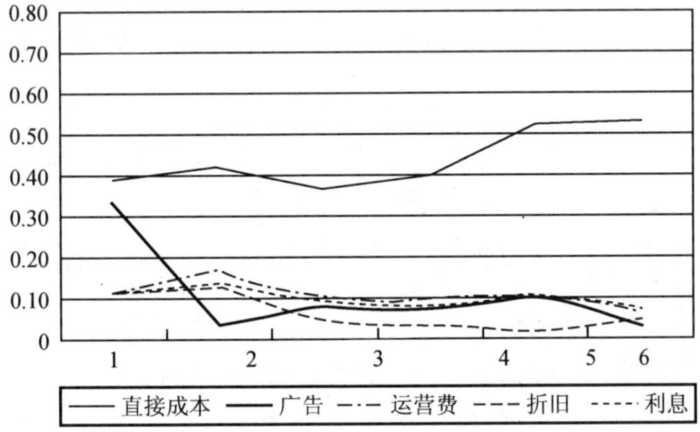


图 6.7　D 公司成本/销售变化折线图

## 3.3　企业存在问题因果链解析

通过上述分析，基本可以得知本公司经营发展中存在的问题及其根源。以图示的形式表达如下（图 6.8）。

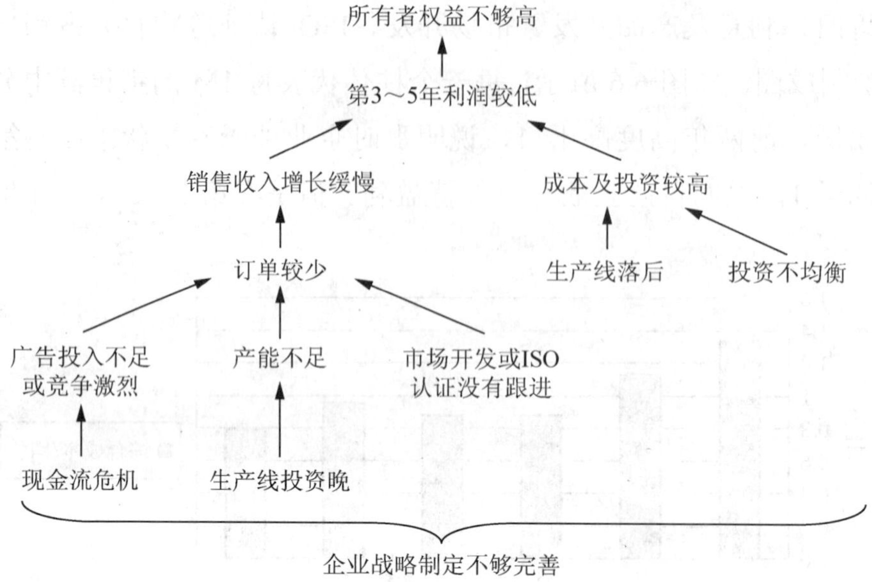


图 6.8　D 公司经营诊断图

## 4 总结

为期一周的实战演练忙碌而又充实，紧张而又兴奋。如果再给我们一次演练的机会，我们将会以更高的视角对企业进行全局的审视，做出以下改进工作。

（1）首先从战略制定上，CEO 会从融资、生产、采购、销售、市场及产品开发等方面进行全面考虑，加强各环节的配合与协调，不能走一步看一步，总是事后救火；同时，不仅要考虑到自己企业的发展，更需要考虑其他公司的发展动向，及时调整策略，纠正经营偏差。

（2）各部门各司其职并加强配合，财务总监及时将现金状况告知大家，做好预算和资金安排；销售总监更细致地研究市场潜力，选择利润回报率高的市场投入广告；生产总监精准计算产能，安排适宜产品生产，最大化利用产能；产、供、销三个部门要及时沟通，使销量、产量、产能、采购量能够匹配。

（3）牢记规则，加强日常数据的准确记录和财务报表的计算，不要犯低级和重复性错误。

（4）可适当进行组间合作，调节库存或以更低的成本购入产品，增加销售利润。

如需附上一些证明材料或重要原始数据，可以在附录中列出。

# 附　录

# 附录 A　练习年业务运营流程处理表（__________公司 CEO）

| 序号 | 企业经营流程<br>请按顺序执行下列各项任务 | CEO 在团队成员每一项全部完成操作后，在相应的方格内打“√”。 | | | |
|---|---|---|---|---|---|
| 年初 | 1．新年度规划会议 | | | | |
| | 2．参加订货会/登记销售订单 | | | | |
| | 3．制订新年度计划 | | | | |
| | 4．支付应交税金 | | | | |
| 日常运营工作 | 5．季初现金盘点（请填余额） | | | | |
| | 6．更新短期贷款/还本付息 | | | | |
| | 7．申请短期贷款（高利贷） | | | | |
| | 8．更新应付账款/归还应付账款 | | | | |
| | 9．原材料入库/更新原材料订单 | | | | |
| | 10．下原材料订单 | | | | |
| | 11．更新生产/完工入库 | | | | |
| | 12．投资新生产线/变卖生产线/生产线转产 | | | | |
| | 13．向其他企业购买原材料/出售原材料 | | | | |
| | 14．开始下一批生产 | | | | |
| | 15．更新应收账款/应收账款收现 | | | | |
| | 16．出售厂房 | | | | |
| | 17．向其他企业购买成品/出售成品 | | | | |
| | 18．按订单交货 | | | | |
| | 19．产品研发投资 | | | | |
| | 20．支付行政管理费 | | | | |
| | 21．其他现金收支情况登记 | | | | |
| | 22．现金收入合计 | | | | |
| | 23．现金支出合计 | | | | |
| | 24．期末现金对账（请填余额） | | | | |
| 年末 | 25．支付长期贷款利息/更新长期贷款/长期申请贷款 | | | | |
| | 26．支付设备维护费 | | | | |
| | 27．支付租金/购买厂房 | | | | |
| | 28．计提折旧 | | | | |
| | 29．新市场开拓/ISO 资格认证投资 | | | | |
| | 30．结账 | | | | |

练习年业务运营流程处理表（________公司财务总监）

| 时间<br>项目 | 第一季度 | 第二季度 | 第三季度 | 第四季度 |
|---|---|---|---|---|
| 期初库存现金 | | | | |
| 支付上年应交税金 | | | | |
| 市场广告投入 | | | | |
| 贴现费用 | | | | |
| 利息（短期贷款） | | | | |
| 支付到期短期贷款 | | | | |
| 原材料采购支付现金 | | | | |
| 转产费用 | | | | |
| 生产线投资 | | | | |
| 工人工资 | | | | |
| 产品研发投资 | | | | |
| 收到现金前的所有支出 | | | | |
| 应收账款到期 | | | | |
| 支付管理费用 | | | | |
| 利息（长期贷款） | | | | |
| 支付到期长期贷款 | | | | |
| 设备维护费用 | | | | |
| 租金 | | | | |
| 购买新建筑 | | | | |
| 市场开拓投资 | | | | |
| ISO 资格认证投资 | | | | |
| 其他 | | | | |
| 库存现金余额 | | | | |

要点记录

第一季度：________________

第二季度：________________

第三季度：________________

第四季度：________________

年底小结：________________

**练习年业务流程处理表**

| 序号 | 企业经营流程<br>请按顺序执行下列各项任务 | 每执行完一项操作，财务总监（助理）在相应的方格内填写现金的收支情况。 | | | |
|---|---|---|---|---|---|
| 年初 | 1．新年度规划会议 | | | | |
| | 2．参加订货会/登记销售订单 | | | | |
| | 3．制订新年度计划 | | | | |
| | 4．支付应交税金 | | | | |
| 日常运营工作 | 5．季初现金盘点（请填余额） | | | | |
| | 6．更新短期贷款/还本付息 | | | | |
| | 7．申请短期贷款（高利贷） | | | | |
| | 8．更新应付账款/归还应付账款 | | | | |
| | 9．原材料入库/更新原材料订单 | | | | |
| | 10．下原材料订单 | | | | |
| | 11．更新生产/完工入库 | | | | |
| | 12．投资新生产线/变卖生产线/生产线转产 | | | | |
| | 13．向其他企业购买原材料/出售原材料 | | | | |
| | 14．开始下一批生产 | | | | |
| | 15．更新应收账款/应收账款收现 | | | | |
| | 16．出售厂房 | | | | |
| | 17．向其他企业购买成品/出售成品 | | | | |
| | 18．按订单交货 | | | | |
| | 19．产品研发投资 | | | | |
| | 20．支付行政管理费 | | | | |
| | 21．其他现金收支情况登记 | | | | |
| | 22．现金收入合计 | | | | |
| | 23．现金支出合计 | | | | |
| | 24．期末现金对账（请填余额） | | | | |
| 年末 | 25．支付长期贷款利息/更新长期贷款/申请长期贷款 | | | | |
| | 26．支付设备维护费 | | | | |
| | 27．支付租金/购买厂房 | | | | |
| | 28．计提折旧 | | | | （　　） |
| | 29．新市场开拓/ISO 资格认证投资 | | | | |
| | 30．结账 | | | | |

订单登记表

| 订单号 | | | | | | | | 合计 |
|---|---|---|---|---|---|---|---|---|
| 市场 | | | | | | | | |
| 产品 | | | | | | | | |
| 数量 | | | | | | | | |
| 账期 | | | | | | | | |
| 销售额 | | | | | | | | |
| 成本 | | | | | | | | |
| 毛利 | | | | | | | | |

产品核算统计表

| 产品/项目 | P1 | | P2 | | P3 | | P4 | | 合计 |
|---|---|---|---|---|---|---|---|---|---|
| | 自产 | 委外 | 自产 | 委外 | 自产 | 委外 | 自产 | 委外 | |
| 数量 | | | | | | | | | |
| 销售额 | | | | | | | | | |
| 成本 | | | | | | | | | |
| 毛利 | | | | | | | | | |

综合管理费用明细表

| 项目 | 金额 | 备注 |
|---|---|---|
| 管理费 | | |
| 广告费 | | |
| 维修费 | | |
| 租金 | | |
| 转产费 | | |
| 市场准入开拓 | | □区域　□国内　□亚洲　□国际 |
| ISO 资格认证 | | □ISO 9000　□ISO 14000 |
| 产品研发 | | P2（　）　P3（　）　P4（　） |
| 其他 | | |
| 合计 | | |

利润表

单位：百万元

| 项目 | 上年数 | 本年数 |
|---|---|---|
| 一、销售收入 | 35 | |
| 减：直接成本 | 12 | |
| 二、毛利 | 23 | |
| 减：综合费用 | 11 | |
| 三、折旧前利润 | 12 | |
| 减：折旧 | 4 | |
| 四、支付利息前利润 | 8 | |
| 加或减：财务收入/支出 | 4 | |
| 加或减：额外收入/支出 | | |
| 五、税前利润 | 4 | |
| 减：所得税 | 1 | |
| 六、净利润 | 3 | |

## 资产负债表

单位：百万元

| 资产 | 期初数 | 期末数 | 负债和所有者权益 | 期初数 | 期末数 |
|---|---|---|---|---|---|
| 流动资产： | | | 负债： | | |
| 现金 | 20 | | 长期负债 | 40 | |
| 应收账款 | 15 | | 短期负债 | 0 | |
| 在制品 | 8 | | 应付账款 | 0 | |
| 成品 | 6 | | 应交税金 | 1 | |
| 原材料 | 3 | | 一年内到期的长期负债 | | |
| 流动资产合计 | 52 | | 负债合计 | 41 | |
| 固定资产： | | | 所有者权益： | | |
| 土地和建筑 | 40 | | 股东资本 | 50 | |
| 机器和设备 | 13 | | 利润留存 | 11 | |
| 在建工程 | | | 年度净利 | 3 | |
| 固定资产合计 | 53 | | 所有者权益合计 | 64 | |
| 资产总计 | 105 | | 负债和所有者权益总计 | 105 | |

## 练习年业务运营流程处理表（________公司营销总监）

<table>
<tr><td>序号</td><td>企业经营流程<br>请按顺序执行下列各项任务</td><td colspan="16">每执行完一项操作，营销总监（助理）在相应的方格内填写产成品的增减和销售情况。</td></tr>
<tr><td rowspan="4">年初</td><td>1．新年度规划会议</td><td colspan="4"></td><td colspan="4"></td><td colspan="4"></td><td colspan="4"></td></tr>
<tr><td>2．参加订货会/登记销售订单</td><td colspan="4"></td><td colspan="4"></td><td colspan="4"></td><td colspan="4"></td></tr>
<tr><td>3．制订新年度计划</td><td colspan="4"></td><td colspan="4"></td><td colspan="4"></td><td colspan="4"></td></tr>
<tr><td>4．支付应交税金</td><td colspan="4"></td><td colspan="4"></td><td colspan="4"></td><td colspan="4"></td></tr>
<tr><td rowspan="9">日常运营工作</td><td></td><td>P1</td><td>P2</td><td>P3</td><td>P4</td><td>P1</td><td>P2</td><td>P3</td><td>P4</td><td>P1</td><td>P2</td><td>P3</td><td>P4</td><td>P1</td><td>P2</td><td>P3</td><td>P4</td></tr>
<tr><td>5．季初产成品盘点（请填余额）</td><td></td><td></td><td></td><td></td><td></td><td></td><td></td><td></td><td></td><td></td><td></td><td></td><td></td><td></td><td></td><td></td></tr>
<tr><td>6．更新短期贷款/还本付息</td><td colspan="4"></td><td colspan="4"></td><td colspan="4"></td><td colspan="4"></td></tr>
<tr><td>7．申请短期贷款（高利贷）</td><td colspan="4"></td><td colspan="4"></td><td colspan="4"></td><td colspan="4"></td></tr>
<tr><td>8．更新应付账款/归还应付账款</td><td colspan="4"></td><td colspan="4"></td><td colspan="4"></td><td colspan="4"></td></tr>
<tr><td>9．原材料入库/更新原材料订单</td><td colspan="4"></td><td colspan="4"></td><td colspan="4"></td><td colspan="4"></td></tr>
<tr><td>10．下原材料订单</td><td colspan="4"></td><td colspan="4"></td><td colspan="4"></td><td colspan="4"></td></tr>
<tr><td>11．更新生产/完工入库</td><td colspan="4"></td><td colspan="4"></td><td colspan="4"></td><td colspan="4"></td></tr>
<tr><td>12．投资新生产线/变卖生产线/生产线转产</td><td colspan="4"></td><td colspan="4"></td><td colspan="4"></td><td colspan="4"></td></tr>
</table>

续表

| 序号 | 企业经营流程<br>请按顺序执行下列各项任务 | 每执行完一项操作，营销总监（助理）在相应的方格内填写产成品的增减和销售情况。 | | | |
|---|---|---|---|---|---|
| 日常运营工作 | 13. 向其他企业购买原材料/出售原材料 | | | | |
| | 14. 开始下一批生产 | | | | |
| | 15. 更新应收账款/应收账款收现 | | | | |
| | 16. 出售厂房 | | | | |
| | 17. 向其他企业购买成品/出售成品 | | | | |
| | 18. 按订单交货 | | | | |
| | 19. 产品研发投资 | | | | |
| | 20. 支付行政管理费 | | | | |
| | 21. 其他现金收支情况登记 | | | | |
| | 22. 产成品入库合计 | | | | |
| | 23. 产成品出库合计 | | | | |
| | 24. 期末产成品对账（请填余额） | | | | |
| 年末 | 25. 支付长期贷款利息/更新长期贷款/申请长期贷款 | | | | |
| | 26. 支付设备维护费 | | | | |
| | 27. 支付租金/购买厂房 | | | | |
| | 28. 计提折旧 | | | | |
| | 29. 新市场开拓/ISO资格认证投资 | | | | |
| | 30. 结账 | | | | |

**练习年业务运营流程处理表（______公司生产总监）**

| 序号 | 企业经营流程<br>请按顺序执行下列各项任务 | 每执行完一项操作，生产总监（助理）在相应的方格内填写在制品生产和产品研发情况。 | | | |
|---|---|---|---|---|---|
| 年初 | 1. 新年度规划会议 | | | | |
| | 2. 参加订货会/登记销售订单 | | | | |
| | 3. 制订新年度计划 | | | | |
| | 4. 支付应交税金 | | | | |

续表

| 序号 | 企业经营流程<br>请按顺序执行下列各项任务 | 每执行完一项操作，生产总监（助理）在相应的方格内填写在制品生产和产品研发情况。 | | | | | | | | | | | | | | | |
|---|---|---|---|---|---|---|---|---|---|---|---|---|---|---|---|---|---|
| | | P1 | P2 | P3 | P4 | P1 | P2 | P3 | P4 | P1 | P2 | P3 | P4 | P1 | P2 | P3 | P4 |
| 日常运营工作 | 5．季初在制品盘点（请填余额） | | | | | | | | | | | | | | | | |
| | 6．更新短期贷款/还本付息 | | | | | | | | | | | | | | | | |
| | 7．申请短期贷款（高利贷） | | | | | | | | | | | | | | | | |
| | 8．更新应付账款/归还应付账款 | | | | | | | | | | | | | | | | |
| | 9．原材料入库/更新原材料订单 | | | | | | | | | | | | | | | | |
| | 10．下原材料订单 | | | | | | | | | | | | | | | | |
| | 11．更新生产/完工入库 | | | | | | | | | | | | | | | | |
| | 12．投资新生产线/变卖生产线/生产线转产 | | | | | | | | | | | | | | | | |
| | 13．向其他企业购买原材料/出售原材料 | | | | | | | | | | | | | | | | |
| | 14．开始下一批生产 | | | | | | | | | | | | | | | | |
| | 15．更新应收账款/应收账款收现 | | | | | | | | | | | | | | | | |
| | 16．出售厂房 | | | | | | | | | | | | | | | | |
| | 17．向其他企业购买成品/出售成品 | | | | | | | | | | | | | | | | |
| | 18．按订单交货 | | | | | | | | | | | | | | | | |
| | 19．产品研发投资 | | | | | | | | | | | | | | | | |
| | 20．支付行政管理费 | | | | | | | | | | | | | | | | |
| | 21．其他现金收支情况登记 | | | | | | | | | | | | | | | | |
| | 22．在制品上线合计 | | | | | | | | | | | | | | | | |
| | 23．在制品下线合计 | | | | | | | | | | | | | | | | |
| | 24．期末在制品对账（请填余额） | | | | | | | | | | | | | | | | |
| 年末 | 25．支付长期贷款利息/更新长期贷款/申请长期贷款 | | | | | | | | | | | | | | | | |
| | 26．支付设备维护费 | | | | | | | | | | | | | | | | |
| | 27．支付租金/购买厂房 | | | | | | | | | | | | | | | | |
| | 28．计提折旧 | | | | | | | | | | | | | | | | |
| | 29．新市场开拓/ISO资格认证投资 | | | | | | | | | | | | | | | | |
| | 30．结账 | | | | | | | | | | | | | | | | |

练习年业务运营流程处理表（______公司采购总监）

| 序号 | 企业经营流程<br>请按顺序执行下列各项任务 | 每执行完一项操作，采购总监（助理）在相应的方格内填写原材料的采购与使用。 | | | | | | | | | | | | | | | |
|---|---|---|---|---|---|---|---|---|---|---|---|---|---|---|---|---|---|
| 年初 | 1. 新年度规划会议 | | | | | | | | | | | | | | | | |
| | 2. 参加订货会/登记销售订单 | | | | | | | | | | | | | | | | |
| | 3. 制订新年度计划 | | | | | | | | | | | | | | | | |
| | 4. 支付应交税金 | | | | | | | | | | | | | | | | |
| 日常运营工作 | | R1 | R2 | R3 | R4 | R1 | R2 | R3 | R4 | R1 | R2 | R3 | R4 | R1 | R2 | R3 | R4 |
| | 5. 季初原材料盘点（请填余额） | | | | | | | | | | | | | | | | |
| | 6. 更新短期贷款/还本付息 | | | | | | | | | | | | | | | | |
| | 7. 申请短期贷款（高利贷） | | | | | | | | | | | | | | | | |
| | 8. 更新应付账款/归还应付账款 | | | | | | | | | | | | | | | | |
| | 9. 原材料入库/更新原材料订单 | | | | | | | | | | | | | | | | |
| | 10. 下原材料订单 | | | | | | | | | | | | | | | | |
| | 11. 更新生产/完工入库 | | | | | | | | | | | | | | | | |
| | 12. 投资新生产线/变卖生产线/生产线转产 | | | | | | | | | | | | | | | | |
| | 13. 向其他企业购买原材料/出售原材料 | | | | | | | | | | | | | | | | |
| | 14. 开始下一批生产 | | | | | | | | | | | | | | | | |
| | 15. 更新应收账款/应收账款收现 | | | | | | | | | | | | | | | | |
| | 16. 出售厂房 | | | | | | | | | | | | | | | | |
| | 17. 向其他企业购买成品/出售成品 | | | | | | | | | | | | | | | | |
| | 18. 按订单交货 | | | | | | | | | | | | | | | | |
| | 19. 产品研发投资 | | | | | | | | | | | | | | | | |
| | 20. 支付行政管理费 | | | | | | | | | | | | | | | | |
| | 21. 其他现金收支情况登记 | | | | | | | | | | | | | | | | |
| | 22. 原材料入库合计 | | | | | | | | | | | | | | | | |
| | 23. 原材料出库合计 | | | | | | | | | | | | | | | | |
| | 24. 期末原材料对账（请填余额） | | | | | | | | | | | | | | | | |
| 年末 | 25. 支付长期贷款利息/更新长期贷款/申请长期贷款 | | | | | | | | | | | | | | | | |
| | 26. 支付设备维护费 | | | | | | | | | | | | | | | | |
| | 27. 支付租金/购买厂房 | | | | | | | | | | | | | | | | |
| | 28. 计提折旧 | | | | | | | | | | | | | | | | |
| | 29. 新市场开拓/ISO 资格认证投资 | | | | | | | | | | | | | | | | |
| | 30. 结账 | | | | | | | | | | | | | | | | |

# 附录 B　实战业务运营流程处理表（__________公司 CEO）

### 第一年业务流程处理表

| 序号 | 企业经营流程<br>请按顺序执行下列各项任务 | CEO 在团队成员每一项全部完成操作后，在相应的方格内打“√”。 | | | |
|---|---|---|---|---|---|
| 年初 | 1．新年度规划会议 | | | | |
| | 2．参加订货会/登记销售订单 | | | | |
| | 3．制订新年度计划 | | | | |
| | 4．支付应交税金 | | | | |
| 日常运营工作 | 5．季初现金盘点（请填余额） | | | | |
| | 6．更新短期贷款/还本付息 | | | | |
| | 7．申请短期贷款（高利贷） | | | | |
| | 8．更新应付账款/归还应付账款 | | | | |
| | 9．原材料入库/更新原材料订单 | | | | |
| | 10．下原材料订单 | | | | |
| | 11．更新生产/完工入库 | | | | |
| | 12．投资新生产线/变卖生产线/生产线转产 | | | | |
| | 13．向其他企业购买原材料/出售原材料 | | | | |
| | 14．开始下一批生产 | | | | |
| | 15．更新应收账款/应收账款收现 | | | | |
| | 16．出售厂房 | | | | |
| | 17．向其他企业购买成品/出售成品 | | | | |
| | 18．按订单交货 | | | | |
| | 19．产品研发投资 | | | | |
| | 20．支付行政管理费 | | | | |
| | 21．其他现金收支情况登记 | | | | |
| | 22．现金收入合计 | | | | |
| | 23．现金支出合计 | | | | |
| | 24．期末现金对账（请填余额） | | | | |
| 年末 | 25．支付长期贷款利息/更新长期贷款/申请长期贷款 | | | | |
| | 26．支付设备维护费 | | | | |
| | 27．支付租金/购买厂房 | | | | |
| | 28．计提折旧 | | | | |
| | 29．新市场开拓/ISO 资格认证投资 | | | | |
| | 30．结账 | | | | |

## 第二年业务流程处理表

| 序号 | 企业经营流程<br>请按顺序执行下列各项任务 | CEO 在团队成员每一项全部完成操作后，在相应的方格内打“√”。 | | | |
|---|---|---|---|---|---|
| 年初 | 1．新年度规划会议 | | | | |
| | 2．参加订货会/登记销售订单 | | | | |
| | 3．制订新年度计划 | | | | |
| | 4．支付应交税金 | | | | |
| 日常运营工作 | 5．季初现金盘点（请填余额） | | | | |
| | 6．更新短期贷款/还本付息 | | | | |
| | 7．申请短期贷款（高利贷） | | | | |
| | 8．更新应付账款/归还应付账款 | | | | |
| | 9．原材料入库/更新原材料订单 | | | | |
| | 10．下原材料订单 | | | | |
| | 11．更新生产/完工入库 | | | | |
| | 12．投资新生产线/变卖生产线/生产线转产 | | | | |
| | 13．向其他企业购买原材料/出售原材料 | | | | |
| | 14．开始下一批生产 | | | | |
| | 15．更新应收账款/应收账款收现 | | | | |
| | 16．出售厂房 | | | | |
| | 17．向其他企业购买成品/出售成品 | | | | |
| | 18．按订单交货 | | | | |
| | 19．产品研发投资 | | | | |
| | 20．支付行政管理费 | | | | |
| | 21．其他现金收支情况登记 | | | | |
| | 22．现金收入合计 | | | | |
| | 23．现金支出合计 | | | | |
| | 24．期末现金对账（请填余额） | | | | |
| 年末 | 25．支付长期贷款利息/更新长期贷款/申请长期贷款 | | | | |
| | 26．支付设备维护费 | | | | |
| | 27．支付租金/购买厂房 | | | | |
| | 28．计提折旧 | | | | |
| | 29．新市场开拓/ISO 资格认证投资 | | | | |
| | 30．结账 | | | | |

## 第三年业务流程处理表

| 序号 | 企业经营流程<br>请按顺序执行下列各项任务 | CEO 在团队成员每一项全部完成操作后，在相应的方格内打“√”。 | | | |
|---|---|---|---|---|---|
| 年初 | 1．新年度规划会议 | | | | |
| | 2．参加订货会/登记销售订单 | | | | |
| | 3．制订新年度计划 | | | | |
| | 4．支付应交税金 | | | | |
| 日常运营工作 | 5．季初现金盘点（请填余额） | | | | |
| | 6．更新短期贷款/还本付息 | | | | |
| | 7．申请短期贷款（高利贷） | | | | |
| | 8．更新应付账款/归还应付账款 | | | | |
| | 9．原材料入库/更新原材料订单 | | | | |
| | 10．下原材料订单 | | | | |
| | 11．更新生产/完工入库 | | | | |
| | 12．投资新生产线/变卖生产线/生产线转产 | | | | |
| | 13．向其他企业购买原材料/出售原材料 | | | | |
| | 14．开始下一批生产 | | | | |
| | 15．更新应收账款/应收账款收现 | | | | |
| | 16．出售厂房 | | | | |
| | 17．向其他企业购买成品/出售成品 | | | | |
| | 18．按订单交货 | | | | |
| | 19．产品研发投资 | | | | |
| | 20．支付行政管理费 | | | | |
| | 21．其他现金收支情况登记 | | | | |
| | 22．现金收入合计 | | | | |
| | 23．现金支出合计 | | | | |
| | 24．期末现金对账（请填余额） | | | | |
| 年末 | 25．支付长期贷款利息/更新长期贷款/申请长期贷款 | | | | |
| | 26．支付设备维护费 | | | | |
| | 27．支付租金/购买厂房 | | | | |
| | 28．计提折旧 | | | | |
| | 29．新市场开拓/ISO 资格认证投资 | | | | |
| | 30．结账 | | | | |

### 第四年业务流程处理表

| 序号 | 企业经营流程<br>请按顺序执行下列各项任务 | CEO 在团队成员每一项全部完成操作后，在相应的方格内打“√”。 | | | |
|---|---|---|---|---|---|
| 年初 | 1. 新年度规划会议 | | | | |
| | 2. 参加订货会/登记销售订单 | | | | |
| | 3. 制订新年度计划 | | | | |
| | 4. 支付应交税金 | | | | |
| 日常运营工作 | 5. 季初现金盘点（请填余额） | | | | |
| | 6. 更新短期贷款/还本付息 | | | | |
| | 7. 申请短期贷款（高利贷） | | | | |
| | 8. 更新应付账款/归还应付账款 | | | | |
| | 9. 原材料入库/更新原材料订单 | | | | |
| | 10. 下原材料订单 | | | | |
| | 11. 更新生产/完工入库 | | | | |
| | 12. 投资新生产线/变卖生产线/生产线转产 | | | | |
| | 13. 向其他企业购买原材料/出售原材料 | | | | |
| | 14. 开始下一批生产 | | | | |
| | 15. 更新应收账款/应收账款收现 | | | | |
| | 16. 出售厂房 | | | | |
| | 17. 向其他企业购买成品/出售成品 | | | | |
| | 18. 按订单交货 | | | | |
| | 19. 产品研发投资 | | | | |
| | 20. 支付行政管理费 | | | | |
| | 21. 其他现金收支情况登记 | | | | |
| | 22. 现金收入合计 | | | | |
| | 23. 现金支出合计 | | | | |
| | 24. 期末现金对账（请填余额） | | | | |
| 年末 | 25. 支付长期贷款利息/更新长期贷款/申请长期贷款 | | | | |
| | 26. 支付设备维护费 | | | | |
| | 27. 支付租金/购买厂房 | | | | |
| | 28. 计提折旧 | | | | |
| | 29. 新市场开拓/ISO 资格认证投资 | | | | |
| | 30. 结账 | | | | |

### 第五年业务流程处理表

| 序号 | 企业经营流程<br>请按顺序执行下列各项任务 | CEO 在团队成员每一项全部完成操作后，在相应的方格内打“√”。 | | | |
|---|---|---|---|---|---|
| 年初 | 1．新年度规划会议 | | | | |
| | 2．参加订货会/登记销售订单 | | | | |
| | 3．制订新年度计划 | | | | |
| | 4．支付应交税金 | | | | |
| 日常运营工作 | 5．季初现金盘点（请填余额） | | | | |
| | 6．更新短期贷款/还本付息 | | | | |
| | 7．申请短期贷款（高利贷） | | | | |
| | 8．更新应付账款/归还应付账款 | | | | |
| | 9．原材料入库/更新原材料订单 | | | | |
| | 10．下原材料订单 | | | | |
| | 11．更新生产/完工入库 | | | | |
| | 12．投资新生产线/变卖生产线/生产线转产 | | | | |
| | 13．向其他企业购买原材料/出售原材料 | | | | |
| | 14．开始下一批生产 | | | | |
| | 15．更新应收账款/应收账款收现 | | | | |
| | 16．出售厂房 | | | | |
| | 17．向其他企业购买成品/出售成品 | | | | |
| | 18．按订单交货 | | | | |
| | 19．产品研发投资 | | | | |
| | 20．支付行政管理费 | | | | |
| | 21．其他现金收支情况登记 | | | | |
| | 22．现金收入合计 | | | | |
| | 23．现金支出合计 | | | | |
| | 24．期末现金对账（请填余额） | | | | |
| 年末 | 25．支付长期贷款利息/更新长期贷款/申请长期贷款 | | | | |
| | 26．支付设备维护费 | | | | |
| | 27．支付租金/购买厂房 | | | | |
| | 28．计提折旧 | | | | |
| | 29．新市场开拓/ISO 资格认证投资 | | | | |
| | 30．结账 | | | | |

### 第六年业务流程处理表

| 序号 | 企业经营流程<br>请按顺序执行下列各项任务 | CEO 在团队成员每一项全部完成操作后，在相应的方格内打“√”。 | | | |
|---|---|---|---|---|---|
| 年初 | 1. 新年度规划会议 | | | | |
| | 2. 参加订货会/登记销售订单 | | | | |
| | 3. 制订新年度计划 | | | | |
| | 4. 支付应交税金 | | | | |
| 日常运营工作 | 5. 季初现金盘点（请填余额） | | | | |
| | 6. 更新短期贷款/还本付息 | | | | |
| | 7. 申请短期贷款（高利贷） | | | | |
| | 8. 更新应付账款/归还应付账款 | | | | |
| | 9. 原材料入库/更新原材料订单 | | | | |
| | 10. 下原材料订单 | | | | |
| | 11. 更新生产/完工入库 | | | | |
| | 12. 投资新生产线/变卖生产线/生产线转产 | | | | |
| | 13. 向其他企业购买原材料/出售原材料 | | | | |
| | 14. 开始下一批生产 | | | | |
| | 15. 更新应收账款/应收账款收现 | | | | |
| | 16. 出售厂房 | | | | |
| | 17. 向其他企业购买成品/出售成品 | | | | |
| | 18. 按订单交货 | | | | |
| | 19. 产品研发投资 | | | | |
| | 20. 支付行政管理费 | | | | |
| | 21. 其他现金收支情况登记 | | | | |
| | 22. 现金收入合计 | | | | |
| | 23. 现金支出合计 | | | | |
| | 24. 期末现金对账（请填余额） | | | | |
| 年末 | 25. 支付长期贷款利息/更新长期贷款/申请长期贷款 | | | | |
| | 26. 支付设备维护费 | | | | |
| | 27. 支付租金/购买厂房 | | | | |
| | 28. 计提折旧 | | | | |
| | 29. 新市场开拓/ISO 资格认证投资 | | | | |
| | 30. 结账 | | | | |

# 附录 C　实战业务运营流程处理表（______公司财务总监）

第一年现金预算表

单位：百万元

| 项目＼时间 | 第一季度 | 第二季度 | 第三季度 | 第四季度 |
|---|---|---|---|---|
| 期初库存现金 | | | | |
| 支付上年应交税金 | | | | |
| 市场广告投入 | | | | |
| 贴现费用 | | | | |
| 利息（短期贷款） | | | | |
| 支付到期短期贷款 | | | | |
| 原材料采购支付现金 | | | | |
| 转产费用 | | | | |
| 生产线投资 | | | | |
| 工人工资 | | | | |
| 产品研发投资 | | | | |
| 收到现金前的所有支出 | | | | |
| 应收账款到期 | | | | |
| 支付管理费用 | | | | |
| 利息（长期贷款） | | | | |
| 支付到期长期贷款 | | | | |
| 设备维护费用 | | | | |
| 租金 | | | | |
| 购买新建筑 | | | | |
| 市场开拓投资 | | | | |
| ISO 资格认证投资 | | | | |
| 其他 | | | | |
| 库存现金余额 | | | | |

要点记录

第一季度：______

第二季度：______

第三季度：______

第四季度：______

年底小结：______

______

**第一年业务流程处理表**

| 序号 | 企业经营流程<br>请按顺序执行下列各项任务 | 每执行完一项操作，财务总监（助理）在相应的方格内填写现金的收支情况。 | | | |
|---|---|---|---|---|---|
| 年初 | 1. 新年度规划会议 | | | | |
| | 2. 参加订货会/登记销售订单 | | | | |
| | 3. 制订新年度计划 | | | | |
| | 4. 支付应交税金 | | | | |
| 日常运营工作 | 5. 季初现金盘点（请填余额） | | | | |
| | 6. 更新短期贷款/还本付息 | | | | |
| | 7. 申请短期贷款（高利贷） | | | | |
| | 8. 更新应付账款/归还应付账款 | | | | |
| | 9. 原材料入库/更新原材料订单 | | | | |
| | 10. 下原材料订单 | | | | |
| | 11. 更新生产/完工入库 | | | | |
| | 12. 投资新生产线/变卖生产线/生产线转产 | | | | |
| | 13. 向其他企业购买原材料/出售原材料 | | | | |
| | 14. 开始下一批生产 | | | | |
| | 15. 更新应收账款/应收账款收现 | | | | |
| | 16. 出售厂房 | | | | |
| | 17. 向其他企业购买成品/出售成品 | | | | |
| | 18. 按订单交货 | | | | |
| | 19. 产品研发投资 | | | | |
| | 20. 支付行政管理费 | | | | |
| | 21. 其他现金收支情况登记 | | | | |
| | 22. 现金收入合计 | | | | |
| | 23. 现金支出合计 | | | | |
| | 24. 期末现金对账（请填余额） | | | | |
| 年末 | 25. 支付长期贷款利息/更新长期贷款/申请长期贷款 | | | | |
| | 26. 支付设备维护费 | | | | |
| | 27. 支付租金/购买厂房 | | | | |
| | 28. 计提折旧 | | | | （ ） |
| | 29. 新市场开拓/ISO 资格认证投资 | | | | |
| | 30. 结账 | | | | |

订单登记表

| 订单号 | | | | | | | | | 合计 |
|---|---|---|---|---|---|---|---|---|---|
| 市场 | | | | | | | | | |
| 产品 | | | | | | | | | |
| 数量 | | | | | | | | | |
| 账期 | | | | | | | | | |
| 销售额 | | | | | | | | | |
| 成本 | | | | | | | | | |
| 毛利 | | | | | | | | | |

产品核算统计表

| | P1 | | P2 | | P3 | | P4 | | 合计 |
|---|---|---|---|---|---|---|---|---|---|
| | 自产 | 委外 | 自产 | 委外 | 自产 | 委外 | 自产 | 委外 | |
| 数量 | | | | | | | | | |
| 销售额 | | | | | | | | | |
| 成本 | | | | | | | | | |
| 毛利 | | | | | | | | | |

综合管理费用明细表

单位：百万元

| 项目 | 金额 | 备注 |
|---|---|---|
| 管理费 | | |
| 广告费 | | |
| 维修费 | | |
| 租金 | | |
| 转产费 | | |
| 市场准入开拓 | | □区域 □国内 □亚洲 □国际 |
| ISO 资格认证 | | □ISO9 000 □1SO 14000 |
| 产品研发 | | P2（ ） P3（ ） P4（ ） |
| 其他 | | |
| 合计 | | |

### 利润表

单位：百万元

| 项目 | 上年数 | 本年数 |
|---|---|---|
| 一、销售收入 | | |
| 减：直接成本 | | |
| 二、毛利 | | |
| 减：综合费用 | | |
| 三、折旧前利润 | | |
| 减：折旧 | | |
| 四、支付利息前利润 | | |
| 加或减：财务收入/支出 | | |
| 加开减：额外收入/支出 | | |
| 五、税前利润 | | |
| 减：所得税 | | |
| 六、净利润 | | |

### 资产负债表

单位：百万元

| 资产 | 期初数 | 期末数 | 负债和所有者权益 | 期初数 | 期末数 |
|---|---|---|---|---|---|
| 流动资产： | | | 负债： | | |
| 现金 | | | 长期负债 | | |
| 应收账款 | | | 短期负债 | | |
| 在制品 | | | 应付账款 | | |
| 成品 | | | 应交税金 | | |
| 原材料 | | | 一年到期的长期负债 | | |
| 流动资产合计 | | | 负债合计 | | |
| 固定资产： | | | 所有者权益： | | |
| 土地和建筑 | | | 股东资本 | | |
| 机器和设备 | | | 利润留存 | | |
| 在建工程 | | | 年度净利 | | |
| 固定资产合计 | | | 所有者权益合计 | | |
| 资产总计 | | | 负债和所有者权益总计 | | |

## 第二年现金预算表

单位：百万元

| 项目 \ 时间 | 第一季度 | 第二季度 | 第三季度 | 第四季度 |
|---|---|---|---|---|
| 期初库存现金 | | | | |
| 支付上年应交税金 | | | | |
| 市场广告投入 | | | | |
| 贴现费用 | | | | |
| 利息（短期贷款） | | | | |
| 支付到期短期贷款 | | | | |
| 原材料采购支付现金 | | | | |
| 转产费用 | | | | |
| 生产线投资 | | | | |
| 工人工资 | | | | |
| 产品研发投资 | | | | |
| 收到现金前的所有支出 | | | | |
| 应收账款到期 | | | | |
| 支付管理费用 | | | | |
| 利息（长期贷款） | | | | |
| 支付到期长期贷款 | | | | |
| 设备维护费用 | | | | |
| 租金 | | | | |
| 购买新建筑 | | | | |
| 市场开拓投资 | | | | |
| ISO 资格认证投资 | | | | |
| 其他 | | | | |
| 库存现金余额 | | | | |

要点记录

第一季度：______________________________

第二季度：______________________________

第三季度：______________________________

第四季度：______________________________

年底小结：______________________________

______________________________

## 第二年业务流程处理表

| 序号 | 企业经营流程<br>请按顺序执行下列各项任务 | 每执行完一项操作，财务总监（助理）在相应的方格内填写现金的收支情况。 | | | |
|---|---|---|---|---|---|
| 年初 | 1．新年度规划会议 | | | | |
| | 2．参加订货会/登记销售订单 | | | | |
| | 3．制订新年度计划 | | | | |
| | 4．支付应交税金 | | | | |
| 日常运营工作 | 5．季初现金盘点（请填余额） | | | | |
| | 6．更新短期贷款/还本付息 | | | | |
| | 7．申请短期贷款（高利贷） | | | | |
| | 8．更新应付账款/归还应付账款 | | | | |
| | 9．原材料入库/更新原料订单 | | | | |
| | 10．下原材料订单 | | | | |
| | 11．更新生产/完工入库 | | | | |
| | 12．投资新生产线/变卖生产线/生产线转产 | | | | |
| | 13．向其他企业购买原材料/出售原材料 | | | | |
| | 14．开始下一批生产 | | | | |
| | 15．更新应收账款/应收账款收现 | | | | |
| | 16．出售厂房 | | | | |
| | 17．向其他企业购买成品/出售成品 | | | | |
| | 18．按订单交货 | | | | |
| | 19．产品研发投资 | | | | |
| | 20．支付行政管理费 | | | | |
| | 21．其他现金收支情况登记 | | | | |
| | 22．现金收入合计 | | | | |
| | 23．现金支出合计 | | | | |
| | 24．期末现金对账（请填余额） | | | | |
| 年末 | 25．支付长期贷款利息/更新长期贷款/ 申请长期贷款 | | | | |
| | 26．支付设备维护费 | | | | |
| | 27．支付租金/购买厂房 | | | | |
| | 28．计提折旧 | | | | （　　） |
| | 29．新市场开拓/ISO 资格认证投资 | | | | |
| | 30．结账 | | | | |

### 订单登记表

| 订单号 | | | | | | | | | 合计 |
|---|---|---|---|---|---|---|---|---|---|
| 市场 | | | | | | | | | |
| 产品 | | | | | | | | | |
| 数量 | | | | | | | | | |
| 账期 | | | | | | | | | |
| 销售额 | | | | | | | | | |
| 成本 | | | | | | | | | |
| 毛利 | | | | | | | | | |

### 产品核算统计表

| 产品<br>项目 | P1 | | P2 | | P3 | | P4 | | 合计 |
|---|---|---|---|---|---|---|---|---|---|
| | 自产 | 委外 | 自产 | 委外 | 自产 | 委外 | 自产 | 委外 | |
| 数量 | | | | | | | | | |
| 销售额 | | | | | | | | | |
| 成本 | | | | | | | | | |
| 毛利 | | | | | | | | | |

### 综合管理费用明细表

单位：百万元

| 项目 | 金额 | 备注 |
|---|---|---|
| 管理费 | | |
| 广告费 | | |
| 维修费 | | |
| 租金 | | |
| 转产费 | | |
| 市场准入开拓 | | □区域　□国内　□亚洲　□国际 |
| ISO 资格认证 | | □ISO 9000　□ISO 14000 |
| 产品研发 | | P2（　）　P3（　）　P4（　） |
| 其他 | | |
| 合计 | | |

利润表

单位：百万元

| 项目 | 上年数 | 本年数 |
|---|---|---|
| 一、销售收入 | | |
| 减：直接成本 | | |
| 二、毛利 | | |
| 减：综合费用 | | |
| 三、折旧前利润 | | |
| 减：折旧 | | |
| 四、支付利息前利润 | | |
| 加或减：财务收入/支出 | | |
| 加或减：额外收入/支出 | | |
| 五、税前利润 | | |
| 减：所得税 | | |
| 六、净利润 | | |

资产负债表

单位：百万元

| 资产 | 期初数 | 期末数 | 负债和所有者权益 | 期初数 | 期末数 |
|---|---|---|---|---|---|
| 流动资产： | | | 负债： | | |
| 现金 | | | 长期负债 | | |
| 应收账款 | | | 短期负债 | | |
| 在制品 | | | 应付账款 | | |
| 成品 | | | 应交税金 | | |
| 原材料 | | | 一年到期的长期负债 | | |
| 流动资产合计 | | | 负债合计 | | |
| 固定资产： | | | 所有者权益： | | |
| 土地和建筑 | | | 股东资本 | | |
| 机器和设备 | | | 利润留存 | | |
| 在建工程 | | | 年度净利 | | |
| 固定资产合计 | | | 所有者权益合计 | | |
| 资产总计 | | | 负债和所有者权益总计 | | |

第三年现金预算表

单位：百万元

| 项目 \ 时间 | 第一季度 | 第二季度 | 第三季度 | 第四季度 |
|---|---|---|---|---|
| 期初库存现金 | | | | |
| 支付上年应交税金 | | | | |
| 市场广告投入 | | | | |
| 贴现费用 | | | | |
| 利息（短期贷款） | | | | |
| 支付到期短期贷款 | | | | |
| 原材料采购支付现金 | | | | |
| 转产费用 | | | | |
| 生产线投资 | | | | |
| 工人工资 | | | | |
| 产品研发投资 | | | | |
| 收到现金前的所有支出 | | | | |
| 应收账款到期 | | | | |
| 支付管理费用 | | | | |
| 利息（长期贷款） | | | | |
| 支付到期长期贷款 | | | | |
| 设备维护费用 | | | | |
| 租金 | | | | |
| 购买新建筑 | | | | |
| 市场开拓投资 | | | | |
| ISO 资格认证投资 | | | | |
| 其他 | | | | |
| 库存现金余额 | | | | |

要点记录

第一季度：________________

第二季度：________________

第三季度：________________

第四季度：________________

年底小结：________________

________________

### 第三年业务流程处理表

| 序号 | 企业经营流程<br>请按顺序执行下列各项任务 | 每执行完一项操作，财务总监（助理）在相应的方格内填写现金的收支情况。 | | | |
|---|---|---|---|---|---|
| 年初 | 1．新年度规划会议 | | | | |
| | 2．参加订货会/登记销售订单 | | | | |
| | 3．制订新年度计划 | | | | |
| | 4．支付应交税金 | | | | |
| 日常运营工作 | 5．季初现金盘点（请填余额） | | | | |
| | 6．更新短期贷款/还本付息 | | | | |
| | 7．申请短期贷款（高利贷） | | | | |
| | 8．更新应付账款/归还应付账款 | | | | |
| | 9．原材料入库/更新原材料订单 | | | | |
| | 10．下原材料订单 | | | | |
| | 11．更新生产/完工入库 | | | | |
| | 12．投资新生产线/变卖生产线/生产线转产 | | | | |
| | 13．向其他企业购买原材料/出售原材料 | | | | |
| | 14．开始下一批生产 | | | | |
| | 15．更新应收账款/应收账款收现 | | | | |
| | 16．出售厂房 | | | | |
| | 17．向其他企业购买成品/出售成品 | | | | |
| | 18．按订单交货 | | | | |
| | 19．产品研发投资 | | | | |
| | 20．支付行政管理费 | | | | |
| | 21．其他现金收支情况登记 | | | | |
| | 22．现金收入合计 | | | | |
| | 23．现金支出合计 | | | | |
| | 24．期末现金对账（请填余额） | | | | |
| 年末 | 25．支付长期贷款利息/更新长期贷款/申请长期贷款 | | | | |
| | 26．支付设备维护费 | | | | |
| | 27．支付租金/购买厂房 | | | | |
| | 28．计提折旧 | | | | （ ） |
| | 29．新市场开拓/ISO资格认证投资 | | | | |
| | 30．结账 | | | | |

## 订单登记表

| 订单号 | | | | | | | | | 合计 |
|---|---|---|---|---|---|---|---|---|---|
| 市场 | | | | | | | | | |
| 产品 | | | | | | | | | |
| 数量 | | | | | | | | | |
| 账期 | | | | | | | | | |
| 销售额 | | | | | | | | | |
| 成本 | | | | | | | | | |
| 毛利 | | | | | | | | | |

## 产品核算统计表

| 产品<br>项目 | P1 | | P2 | | P3 | | P4 | | 合计 |
|---|---|---|---|---|---|---|---|---|---|
| | 自产 | 委外 | 自产 | 委外 | 自产 | 委外 | 自产 | 委外 | |
| 数量 | | | | | | | | | |
| 销售额 | | | | | | | | | |
| 成本 | | | | | | | | | |
| 毛利 | | | | | | | | | |

## 综合管理费用明细表

单位：百万元

| 项目 | 金额 | 备注 |
|---|---|---|
| 管理费 | | |
| 广告费 | | |
| 维修费 | | |
| 租金 | | |
| 转产费 | | |
| 市场准入开拓 | | □区域 □国内 □亚洲 □国际 |
| ISO 资格认证 | | □ISO 9000 □ISO 14000 |
| 产品研发 | | P2（ ） P3（ ） P4（ ） |
| 其他 | | |
| 合计 | | |

利润表

单位：百万元

| 项目 | 上年数 | 本年数 |
|---|---|---|
| 一、销售收入 | | |
| 减：直接成本 | | |
| 二、毛利 | | |
| 减：综合费用 | | |
| 三、折旧前利润 | | |
| 减：折旧 | | |
| 四、支付利息前利润 | | |
| 加或减：财务收入/支出 | | |
| 加或减：额外收入/支出 | | |
| 五、税前利润 | | |
| 减：所得税 | | |
| 六、净利润 | | |

资产负债表

单位：百万元

| 资产 | 期初数 | 期末数 | 负债和所有者权益 | 期初数 | 期末数 |
|---|---|---|---|---|---|
| 流动资产： | | | 负债： | | |
| 现金 | | | 长期负债 | | |
| 应收账款 | | | 短期负债 | | |
| 在制品 | | | 应付账款 | | |
| 成品 | | | 应交税金 | | |
| 原材料 | | | 一年到期的长期负债 | | |
| 流动资产合计 | | | 负债合计 | | |
| 固定资产： | | | 所有者权益： | | |
| 土地和建筑 | | | 股东资本 | | |
| 机器和设备 | | | 利润留存 | | |
| 在建工程 | | | 年度净利 | | |
| 固定资产合计 | | | 所有者权益合计 | | |
| 资产总计 | | | 负债和所有者权益总计 | | |

## 第四年现金预算表

单位：百万元

| 项目＼时间 | 第一季度 | 第二季度 | 第三季度 | 第四季度 |
| --- | --- | --- | --- | --- |
| 期初库存现金 | | | | |
| 支付上年应交税金 | | | | |
| 市场广告投入 | | | | |
| 贴现费用 | | | | |
| 利息（短期贷款） | | | | |
| 支付到期短期贷款 | | | | |
| 原材料采购支付现金 | | | | |
| 转产费用 | | | | |
| 生产线投资 | | | | |
| 工人工资 | | | | |
| 产品研发投资 | | | | |
| 收到现金前的所有支出 | | | | |
| 应收账款到期 | | | | |
| 支付管理费用 | | | | |
| 利息（长期贷款） | | | | |
| 支付到期长期贷款 | | | | |
| 设备维护费用 | | | | |
| 租金 | | | | |
| 购买新建筑 | | | | |
| 市场开拓投资 | | | | |
| ISO 资格认证投资 | | | | |
| 其他 | | | | |
| 库存现金余额 | | | | |

要点记录

第一季度：____________________

第二季度：____________________

第三季度：____________________

第四季度：____________________

年底小结：____________________

## 第四年业务流程处理表

| 序号 | 企业经营流程<br>请按顺序执行下列各项任务 | 每执行完一项操作，财务总监（助理）在相应的方格内填写现金的收支情况。 | | | |
|---|---|---|---|---|---|
| 年初 | 1. 新年度规划会议 | | | | |
| | 2. 参加订货会/登记销售订单 | | | | |
| | 3. 制订新年度计划 | | | | |
| | 4. 支付应交税金 | | | | |
| 日常运营工作 | 5. 季初现金盘点（请填余额） | | | | |
| | 6. 更新短期贷款/还本付息 | | | | |
| | 7. 申请短期贷款（高利贷） | | | | |
| | 8. 更新应付账款/归还应付账款 | | | | |
| | 9. 原材料入库/更新原材料订单 | | | | |
| | 10. 下原材料订单 | | | | |
| | 11. 更新生产/完工入库 | | | | |
| | 12. 投资新生产线/变卖生产线/生产线转产 | | | | |
| | 13. 向其他企业购买原材料/出售原材料 | | | | |
| | 14. 开始下一批生产 | | | | |
| | 15. 更新应收账款/应收账款收现 | | | | |
| | 16. 出售厂房 | | | | |
| | 17. 向其他企业购买成品/出售成品 | | | | |
| | 18. 按订单交货 | | | | |
| | 19. 产品研发投资 | | | | |
| | 20. 支付行政管理费 | | | | |
| | 21. 其他现金收支情况登记 | | | | |
| | 22. 现金收入合计 | | | | |
| | 23. 现金支出合计 | | | | |
| | 24. 期末现金对账（请填余额） | | | | |
| 年末 | 25. 支付长期贷款利息/更新长期贷款/申请长期贷款 | | | | |
| | 26. 支付设备维护费 | | | | |
| | 27. 支付租金/购买厂房 | | | | |
| | 28. 计提折旧 | | | | （　　） |
| | 29. 新市场开拓/ISO 资格认证投资 | | | | |
| | 30. 结账 | | | | |

## 订单登记表

| 订单号 | | | | | | | | | 合计 |
|---|---|---|---|---|---|---|---|---|---|
| 市场 | | | | | | | | | |
| 产品 | | | | | | | | | |
| 数量 | | | | | | | | | |
| 账期 | | | | | | | | | |
| 销售额 | | | | | | | | | |
| 成本 | | | | | | | | | |
| 毛利 | | | | | | | | | |

## 产品核算统计表

| 产品 / 项目 | P1 | | P2 | | P3 | | P4 | | 合计 |
|---|---|---|---|---|---|---|---|---|---|
| | 自产 | 委外 | 自产 | 委外 | 自产 | 委外 | 自产 | 委外 | |
| 数量 | | | | | | | | | |
| 销售额 | | | | | | | | | |
| 成本 | | | | | | | | | |
| 毛利 | | | | | | | | | |

## 综合管理费用明细表

单位：百万元

| 项目 | 金额 | 备注 |
|---|---|---|
| 管理费 | | |
| 广告费 | | |
| 维修费 | | |
| 租金 | | |
| 转产费 | | |
| 市场准入开拓 | | □区域 □国内 □亚洲 □国际 |
| ISO 资格认证 | | □ISO 9000 □ISO 14000 |
| 产品研发 | | P2（ ） P3（ ） P4（ ） |
| 其他 | | |
| 合计 | | |

利润表

单位：百万元

| 项目 | 上年数 | 本年数 |
|---|---|---|
| 一、销售收入 | | |
| 减：直接成本 | | |
| 二、毛利 | | |
| 减：综合费用 | | |
| 三、折旧前利润 | | |
| 减：折旧 | | |
| 四、支付利息前利润 | | |
| 加或减：财务收入/支出 | | |
| 加或减：额外收入/支出 | | |
| 五、税前利润 | | |
| 减：所得税 | | |
| 六、净利润 | | |

资产负债表

单位：百万元

| 资产 | 期初数 | 期末数 | 负债和所有者权益 | 期初数 | 期末数 |
|---|---|---|---|---|---|
| 流动资产： | | | 负债： | | |
| 现金 | | | 长期负债 | | |
| 应收账款 | | | 短期负债 | | |
| 在制品 | | | 应付账款 | | |
| 成品 | | | 应交税金 | | |
| 原材料 | | | 一年到期的长期负债 | | |
| 流动资产合计 | | | 负债合计 | | |
| 固定资产： | | | 所有者权益： | | |
| 土地和建筑 | | | 股东资本 | | |
| 机器和设备 | | | 利润留存 | | |
| 在建工程 | | | 年度净利 | | |
| 固定资产合计 | | | 所有者权益合计 | | |
| 资产总计 | | | 负债和所有者权益总计 | | |

## 第五年现金预算表

单位：百万元

| 时间<br>项目 | 第一季度 | 第二季度 | 第二季度 | 第四季度 |
|---|---|---|---|---|
| 期初库存现金 | | | | |
| 支付上年应交税金 | | | | |
| 市场广告投入 | | | | |
| 贴现费用 | | | | |
| 利息（短期贷款） | | | | |
| 支付到期短期贷款 | | | | |
| 原材料采购支付现金 | | | | |
| 转产费用 | | | | |
| 生产线投资 | | | | |
| 工人工资 | | | | |
| 产品研发投资 | | | | |
| 收到现金前的所有支出 | | | | |
| 应收账款到期 | | | | |
| 支付管理费用 | | | | |
| 利息（长期贷款） | | | | |
| 支付到期长期贷款 | | | | |
| 设备维护费用 | | | | |
| 租金 | | | | |
| 购买新建筑 | | | | |
| 市场开拓投资 | | | | |
| ISO 资格认证投资 | | | | |
| 其他 | | | | |
| 库存现金余额 | | | | |

要点记录

第一季度：________

第二季度：________

第三季度：________

第四季度：________

年底小结：________

**第五年业务流程处理表**

| 序号 | 企业经营流程<br>请按顺序执行下列各项任务 | 每执行完一项操作，财务总监（助理）在相应的方格内填写现金的收支情况。 | | | |
|---|---|---|---|---|---|
| 年初 | 1．新年度规划会议 | | | | |
| | 2．参加订货会/登记销售订单 | | | | |
| | 3．制订新年度计划 | | | | |
| | 4．支付应交税金 | | | | |
| 日常运营工作 | 5．季初现金盘点（请填余额） | | | | |
| | 6．更新短期贷款/还本付息 | | | | |
| | 7．申请短期贷款（高利贷） | | | | |
| | 8．更新应付账款/归还应付账款 | | | | |
| | 9．原材料入库/更新原材料订单 | | | | |
| | 10．下原材料订单 | | | | |
| | 11．更新生产/完工入库 | | | | |
| | 12．投资新生产线/变卖生产线/生产线转产 | | | | |
| | 13．向其他企业购买原材料/出售原材料 | | | | |
| | 14．开始下一批生产 | | | | |
| | 15．更新应收账款/应收账款收现 | | | | |
| | 16．出售厂房 | | | | |
| | 17．向其他企业购买成品/出售成品 | | | | |
| | 18．按订单交货 | | | | |
| | 19．产品研发投资 | | | | |
| | 20．支付行政管理费 | | | | |
| | 21．其他现金收支情况登记 | | | | |
| | 22．现金收入合计 | | | | |
| | 23．现金支出合计 | | | | |
| | 24．期末现金对账（请填余额） | | | | |
| 年末 | 25．支付长期贷款利息/更新长期贷款/申请长期贷款 | | | | |
| | 26．支付设备维护费 | | | | |
| | 27．支付租金/购买厂房 | | | | |
| | 28．计提折旧 | | | | （　） |
| | 29．新市场开拓/ISO 资格认证投资 | | | | |
| | 30．结账 | | | | |

### 订单登记表

| 订单号 | | | | | | | | | 合计 |
|---|---|---|---|---|---|---|---|---|---|
| 市场 | | | | | | | | | |
| 产品 | | | | | | | | | |
| 数量 | | | | | | | | | |
| 账期 | | | | | | | | | |
| 销售额 | | | | | | | | | |
| 成本 | | | | | | | | | |
| 毛利 | | | | | | | | | |

### 产品核算统计表

| 项目＼产品 | P1 | | P2 | | P3 | | P4 | | 合计 |
|---|---|---|---|---|---|---|---|---|---|
| | 自产 | 委外 | 自产 | 委外 | 自产 | 委外 | 自产 | 委外 | |
| 数量 | | | | | | | | | |
| 销售额 | | | | | | | | | |
| 成本 | | | | | | | | | |
| 毛利 | | | | | | | | | |

### 综合管理费用明细表

单位：百万元

| 项目 | 金额 | 备注 |
|---|---|---|
| 管理费 | | |
| 广告费 | | |
| 维修费 | | |
| 租金 | | |
| 转产费 | | |
| 市场准入开拓 | | □区域 □国内 □亚洲 □国际 |
| ISO 资格认证 | | □ISO 9000 □ISO 14000 |
| 产品研发 | | P2（ ） P3（ ） P4（ ） |
| 其他 | | |
| 合计 | | |

利润表

单位：百万元

| 项目 | 上年数 | 本年数 |
|---|---|---|
| 一、销售收入 | | |
| 减：直接成本 | | |
| 二、毛利 | | |
| 减、综合费用 | | |
| 三、折旧前利润 | | |
| 减：折旧 | | |
| 四、支付利息前利润 | | |
| 加或减：财务收入/支出 | | |
| 加或减：额外收入/支出 | | |
| 五、税前利润 | | |
| 减：所得税 | | |
| 六、净利润 | | |

资产负债表

单位：百万元

| 资产 | 期初数 | 期末数 | 负债和所有者权益 | 期初数 | 期末数 |
|---|---|---|---|---|---|
| 流动资产： | | | 负债： | | |
| 现金 | | | 长期负债 | | |
| 应收账款 | | | 短期负债 | | |
| 在制品 | | | 应付账款 | | |
| 成品 | | | 应交税金 | | |
| 原材料 | | | 一年到期的长期负债 | | |
| 流动资产合计 | | | 负债合计 | | |
| 固定资产： | | | 所有者权益： | | |
| 土地和建筑 | | | 股东资本 | | |
| 机器和设备 | | | 利润留存 | | |
| 在建工程 | | | 年度净利 | | |
| 固定资产合计 | | | 所有者权益合计 | | |
| 资产总计 | | | 负债和所有者权益总计 | | |

**第六年现金预算表**

单位：百万元

| 时间<br>项目 | 第一季度 | 第二季度 | 第三季度 | 第四季度 |
|---|---|---|---|---|
| 期初库存现金 | | | | |
| 支付上年应交税金 | | | | |
| 市场广告投入 | | | | |
| 贴现费用 | | | | |
| 利息（短期贷款） | | | | |
| 支付到期短期贷款 | | | | |
| 原材料采购支付现金 | | | | |
| 转产费用 | | | | |
| 生产线投资 | | | | |
| 工人工资 | | | | |
| 产品研发投资 | | | | |
| 收到现金前的所有支出 | | | | |
| 应收账款到期 | | | | |
| 支付管理费用 | | | | |
| 利息（长期贷款） | | | | |
| 支付到期长期贷款 | | | | |
| 设备维护费用 | | | | |
| 租金 | | | | |
| 购买新建筑 | | | | |
| 市场开拓投资 | | | | |
| ISO 资格认证投资 | | | | |
| 其他 | | | | |
| 库存现金余额 | | | | |

要点记录

第一季度：__________

第二季度：__________

第三季度：__________

第四季度：__________

年底小结：__________

### 第六年业务流程处理表

| 序号 | 企业经营流程<br>请按顺序执行下列各项任务 | 每执行完一项操作，财务总监（助理）在相应的方格内填写现金的收支情况。 | | | |
|---|---|---|---|---|---|
| 年初 | 1．新年度规划会议 | | | | |
| | 2．参加订货会/登记销售订单 | | | | |
| | 3．制订新年度计划 | | | | |
| | 4．支付应交税金 | | | | |
| 日常运营工作 | 5．季初现金盘点（请填余额） | | | | |
| | 6．更新短期贷款/还本付息 | | | | |
| | 7．申请短期贷款（高利贷） | | | | |
| | 8．更新应付账款/归还应付账款 | | | | |
| | 9．原材料入库/更新原材料订单 | | | | |
| | 10．下原材料订单 | | | | |
| | 11．更新生产/完工入库 | | | | |
| | 12．投资新生产线/变卖生产线/生产线转产 | | | | |
| | 13．向其他企业购买原材料/出售原材料 | | | | |
| | 14．开始下一批生产 | | | | |
| | 15．更新应收账款/应收账款收现 | | | | |
| | 16．出售厂房 | | | | |
| | 17．向其他企业购买成品/出售成品 | | | | |
| | 18．按订单交货 | | | | |
| | 19．产品研发投资 | | | | |
| | 20．支付行政管理费 | | | | |
| | 21．其他现金收支情况登记 | | | | |
| | 22．现金收入合计 | | | | |
| | 23．现金支出合计 | | | | |
| | 24．期末现金对账（请填余额） | | | | |
| 年末 | 25．支付长期贷款利息/更新长期贷款/申请长期贷款 | | | | |
| | 26．支付设备维护费 | | | | |
| | 27．支付租金/购买厂房 | | | | |
| | 28．计提折旧 | | | | （    ） |
| | 29．新市场开拓/ISO 资格认证投资 | | | | |
| | 30．结账 | | | | |

订单登记表

| 订单号 | | | | | | | | | 合计 |
|---|---|---|---|---|---|---|---|---|---|
| 市场 | | | | | | | | | |
| 产品 | | | | | | | | | |
| 数量 | | | | | | | | | |
| 账期 | | | | | | | | | |
| 销售额 | | | | | | | | | |
| 成本 | | | | | | | | | |
| 毛利 | | | | | | | | | |

产品核算统计表

| 产品 / 项目 | P1 | | P2 | | P3 | | P4 | | 合计 |
|---|---|---|---|---|---|---|---|---|---|
| | 自产 | 委外 | 自产 | 委外 | 自产 | 委外 | 自产 | 委外 | |
| 数量 | | | | | | | | | |
| 销售额 | | | | | | | | | |
| 成本 | | | | | | | | | |
| 毛利 | | | | | | | | | |

综合管理费用明细表

单位：百万元

| 项目 | 金额 | 备注 |
|---|---|---|
| 管理费 | | |
| 广告费 | | |
| 维修费 | | |
| 租金 | | |
| 转产费 | | |
| 市场准入开拓 | | □区域 □国内 □亚洲 □国际 |
| ISO 资格认证 | | □ISO 9000 □ISO 14000 |
| 产品研发 | | P2（ ） P3（ ） P4（ ） |
| 其他 | | |
| 合计 | | |

利润表

单位：百万元

| 项目 | 上年数 | 本年数 |
|---|---|---|
| 一、销售收入 | | |
| 减：直接成本 | | |
| 二、毛利 | | |
| 减：综合费用 | | |
| 三、折旧前利润 | | |
| 减：折旧 | | |
| 四、支付利息前利润 | | |
| 加或减：财务收入/支出 | | |
| 加或减：额外收入/支出 | | |
| 五、税前利润 | | |
| 减：所得税 | | |
| 六、净利润 | | |

资产负债表

单位：百万元

| 资产 | 期初数 | 期末数 | 负债和所有者权益 | 期初数 | 期末数 |
|---|---|---|---|---|---|
| 流动资产： | | | 负债： | | |
| 现金 | | | 长期负债 | | |
| 应收账款 | | | 短期负债 | | |
| 在制品 | | | 应付账款 | | |
| 成品 | | | 应交税金 | | |
| 原材料 | | | 一年到期的长期负债 | | |
| 流动资产合计 | | | 负债合计 | | |
| 固定资产： | | | 所有者权益： | | |
| 土地和建筑 | | | 股东资本 | | |
| 机器和设备 | | | 利润留存 | | |
| 在建工程 | | | 年度净利 | | |
| 固定资产合计 | | | 所有者权益合计 | | |
| 资产总计 | | | 负债和所有者权益总计 | | |

## ____________公司应收账款登记表

| 公司 | 款类 | | 第一年 | | | | 第二年 | | | | 第三年 | | | |
|---|---|---|---|---|---|---|---|---|---|---|---|---|---|---|
| | | | 1 | 2 | 3 | 4 | 1 | 2 | 3 | 4 | 1 | 2 | 3 | 4 |
| | 应收账期 | 1 | | | | | | | | | | | | |
| | | 2 | | | | | | | | | | | | |
| | | 3 | | | | | | | | | | | | |
| | | 4 | | | | | | | | | | | | |
| | 到款 | | | | | | | | | | | | | |
| | 贴现 | | | | | | | | | | | | | |
| | 贴现费 | | | | | | | | | | | | | |

| 公司 | 款类 | | 第四年 | | | | 第五年 | | | | 第六年 | | | |
|---|---|---|---|---|---|---|---|---|---|---|---|---|---|---|
| | | | 1 | 2 | 3 | 4 | 1 | 2 | 3 | 4 | 1 | 2 | 3 | 4 |
| | 应收账期 | 1 | | | | | | | | | | | | |
| | | 2 | | | | | | | | | | | | |
| | | 3 | | | | | | | | | | | | |
| | | 4 | | | | | | | | | | | | |
| | 到款 | | | | | | | | | | | | | |
| | 贴现 | | | | | | | | | | | | | |
| | 贴现费 | | | | | | | | | | | | | |

## ____________公司贷款申请

| 贷款类 | | 第一年 | | | | 第二年 | | | | 第三年 | | | | 第四年 | | | | 第五年 | | | | 第六年 | | | |
|---|---|---|---|---|---|---|---|---|---|---|---|---|---|---|---|---|---|---|---|---|---|---|---|---|---|
| | | 1 | 2 | 3 | 4 | 1 | 2 | 3 | 4 | 1 | 2 | 3 | 4 | 1 | 2 | 3 | 4 | 1 | 2 | 3 | 4 | 1 | 2 | 3 | 4 |
| 短期贷款 | 借 | | | | | | | | | | | | | | | | | | | | | | | | |
| | 还 | | | | | | | | | | | | | | | | | | | | | | | | |
| 高利贷 | 借 | | | | | | | | | | | | | | | | | | | | | | | | |
| | 还 | | | | | | | | | | | | | | | | | | | | | | | | |
| 短期贷款余额 | | | | | | | | | | | | | | | | | | | | | | | | | |
| 监督员签字 | | | | | | | | | | | | | | | | | | | | | | | | | |

| | | | | | | | |
|---|---|---|---|---|---|---|---|
| 长期贷款 | 借 | | | | | | |
| | 还 | | | | | | |
| 长期贷款余额 | | | | | | | |
| 上年权益 | | | | | | | |
| 监督员签字 | | | | | | | |

# 附录 D 实战业务运营流程处理表（______公司营销总监）

第一年业务流程处理表

| 序号 | 企业经营流程<br>请按顺序执行下列各项任务 | 每执行完一项操作，营销总监（助理）在相应的方格内填写产成品的增减和销售情况。 | | | | | | | | | | | | | | | |
|---|---|---|---|---|---|---|---|---|---|---|---|---|---|---|---|---|---|
| 年初 | 1. 新年度规划会议 | | | | | | | | | | | | | | | | |
| | 2. 参加订货会/登记销售订单 | | | | | | | | | | | | | | | | |
| | 3. 制订新年度计划 | | | | | | | | | | | | | | | | |
| | 4. 支付应交税金 | | | | | | | | | | | | | | | | |
| 日常运营工作 | | P1 | P2 | P3 | P4 | P1 | P2 | P3 | P4 | P1 | P2 | P3 | P4 | P1 | P2 | P3 | P4 |
| | 5. 季初产成品盘点（请填余额） | | | | | | | | | | | | | | | | |
| | 6. 更新短期贷款/还本付息 | | | | | | | | | | | | | | | | |
| | 7. 申请短期贷款（高利贷） | | | | | | | | | | | | | | | | |
| | 8. 更新应付账款/归还应付账款 | | | | | | | | | | | | | | | | |
| | 9. 原材料入库/更新原材料订单 | | | | | | | | | | | | | | | | |
| | 10. 下原材料订单 | | | | | | | | | | | | | | | | |
| | 11. 更新生产/完工入库 | | | | | | | | | | | | | | | | |
| | 12. 投资新生产线/变卖生产线/生产线转产 | | | | | | | | | | | | | | | | |
| | 13. 向其他企业购买原材料/出售原材料 | | | | | | | | | | | | | | | | |
| | 14. 开始下一批生产 | | | | | | | | | | | | | | | | |
| | 15. 更新应收账款/应收账款收现 | | | | | | | | | | | | | | | | |
| | 16. 出售厂房 | | | | | | | | | | | | | | | | |
| | 17. 向其他企业购买成品/出售成品 | | | | | | | | | | | | | | | | |
| | 18. 按订单交货 | | | | | | | | | | | | | | | | |
| | 19. 产品研发投资 | | | | | | | | | | | | | | | | |
| | 20. 支付行政管理费 | | | | | | | | | | | | | | | | |
| | 21. 其他现金收支情况登记 | | | | | | | | | | | | | | | | |
| | 22. 产成品入库合计 | | | | | | | | | | | | | | | | |
| | 23. 产成品出库合计 | | | | | | | | | | | | | | | | |
| | 24. 期末产成品对账（请填余额） | | | | | | | | | | | | | | | | |
| 年末 | 25. 支付长期贷款利息/更新长期贷款/申请长期贷款 | | | | | | | | | | | | | | | | |
| | 26. 支付设备维护费 | | | | | | | | | | | | | | | | |
| | 27. 支付租金/购买厂房 | | | | | | | | | | | | | | | | |
| | 28. 计提折旧 | | | | | | | | | | | | | | | | |
| | 29. 新市场开拓/ISO 资格认证投资 | | | | | | | | | | | | | | | | |
| | 30. 结账 | | | | | | | | | | | | | | | | |

## 第二年业务流程处理表

| 序号 | 企业经营流程<br>请按顺序执行下列各项任务 | 每执行完一项操作，营销总监（助理）在相应的方格内填写产成品的增减和销售情况。 | | | | | | | | | | | | | | | |
|---|---|---|---|---|---|---|---|---|---|---|---|---|---|---|---|---|---|
| 年初 | 1. 新年度规划会议 | | | | | | | | | | | | | | | | |
| | 2. 参加订货会/登记销售订单 | | | | | | | | | | | | | | | | |
| | 3. 制订新年度计划 | | | | | | | | | | | | | | | | |
| | 4. 支付应交税金 | | | | | | | | | | | | | | | | |
| 日常运营工作 | | P1 | P2 | P3 | P4 | P1 | P2 | P3 | P4 | P1 | P2 | P3 | P4 | P1 | P2 | P3 | P4 |
| | 5. 季初产成品盘点（请填余额） | | | | | | | | | | | | | | | | |
| | 6. 更新短期贷款/还本付息 | | | | | | | | | | | | | | | | |
| | 7. 申请短期贷款（高利贷） | | | | | | | | | | | | | | | | |
| | 8. 更新应付账款/归还应付账款 | | | | | | | | | | | | | | | | |
| | 9. 原材料入库/更新原材料订单 | | | | | | | | | | | | | | | | |
| | 10. 下原材料订单 | | | | | | | | | | | | | | | | |
| | 11. 更新生产/完工入库 | | | | | | | | | | | | | | | | |
| | 12. 投资新生产线/变卖生产线/生产线转产 | | | | | | | | | | | | | | | | |
| | 13. 向其他企业购买原材料/出售原材料 | | | | | | | | | | | | | | | | |
| | 14. 开始下一批生产 | | | | | | | | | | | | | | | | |
| | 15. 更新应收账款/应收账款收现 | | | | | | | | | | | | | | | | |
| | 16. 出售厂房 | | | | | | | | | | | | | | | | |
| | 17. 向其他企业购买成品/出售成品 | | | | | | | | | | | | | | | | |
| | 18. 按订单交货 | | | | | | | | | | | | | | | | |
| | 19. 产品研发投资 | | | | | | | | | | | | | | | | |
| | 20. 支付行政管理费 | | | | | | | | | | | | | | | | |
| | 21. 其他现金收支情况登记 | | | | | | | | | | | | | | | | |
| | 22. 产成品入库合计 | | | | | | | | | | | | | | | | |
| | 23. 产成品出库合计 | | | | | | | | | | | | | | | | |
| | 24. 期末产成品对账（请填余额） | | | | | | | | | | | | | | | | |
| 年末 | 25. 支付长期贷款利息/更新长期贷款/申请长期贷款 | | | | | | | | | | | | | | | | |
| | 26. 支付设备维护费 | | | | | | | | | | | | | | | | |
| | 27. 支付租金/购买厂房 | | | | | | | | | | | | | | | | |
| | 28. 计提折旧 | | | | | | | | | | | | | | | | |
| | 29. 新市场开拓/ISO 资格认证投资 | | | | | | | | | | | | | | | | |
| | 30. 结账 | | | | | | | | | | | | | | | | |

**第三年业务流程处理表**

| 序号 | 企业经营流程<br>请按顺序执行下列各项任务 | 每执行完一项操作，营销总监（助理）在相应的方格内填写产成品的增减和销售情况。 | | | | | | | | | | | | | | | |
|---|---|---|---|---|---|---|---|---|---|---|---|---|---|---|---|---|---|
| 年初 | 1．新年度规划会议 | | | | | | | | | | | | | | | | |
| | 2．参加订货会/登记销售订单 | | | | | | | | | | | | | | | | |
| | 3．制订新年度计划 | | | | | | | | | | | | | | | | |
| | 4．支付应交税金 | | | | | | | | | | | | | | | | |
| 日常运营工作 | | P1 | P2 | P3 | P4 | P1 | P2 | P3 | P4 | P1 | P2 | P3 | P4 | P1 | P2 | P3 | P4 |
| | 5．季初产成品盘点（请填余额） | | | | | | | | | | | | | | | | |
| | 6．更新短期贷款/还本付息 | | | | | | | | | | | | | | | | |
| | 7．申请短期贷款（高利贷） | | | | | | | | | | | | | | | | |
| | 8．更新应付账款/归还应付账款 | | | | | | | | | | | | | | | | |
| | 9．原材料入库/更新原材料订单 | | | | | | | | | | | | | | | | |
| | 10．下原材料订单 | | | | | | | | | | | | | | | | |
| | 11．更新生产/完工入库 | | | | | | | | | | | | | | | | |
| | 12．投资新生产线/变卖生产线/生产线转产 | | | | | | | | | | | | | | | | |
| | 13．向其他企业购买原材料/出售原材料 | | | | | | | | | | | | | | | | |
| | 14．开始下一批生产 | | | | | | | | | | | | | | | | |
| | 15．更新应收账款/应收账款收现 | | | | | | | | | | | | | | | | |
| | 16．出售厂房 | | | | | | | | | | | | | | | | |
| | 17．向其他企业购买成品/出售成品 | | | | | | | | | | | | | | | | |
| | 18．按订单交货 | | | | | | | | | | | | | | | | |
| | 19．产品研发投资 | | | | | | | | | | | | | | | | |
| | 20．支付行政管理费 | | | | | | | | | | | | | | | | |
| | 21．其他现金收支情况登记 | | | | | | | | | | | | | | | | |
| | 22．产成品入库合计 | | | | | | | | | | | | | | | | |
| | 23．产成品出库合计 | | | | | | | | | | | | | | | | |
| | 24．期末产成品对账（请填余额） | | | | | | | | | | | | | | | | |
| 年末 | 25．支付长期贷款利息/更新长期贷款/申请长期贷款 | | | | | | | | | | | | | | | | |
| | 26．支付设备维护费 | | | | | | | | | | | | | | | | |
| | 27．支付租金/购买厂房 | | | | | | | | | | | | | | | | |
| | 28．计提折旧 | | | | | | | | | | | | | | | | |
| | 29．新市场开拓/ISO 资格认证投资 | | | | | | | | | | | | | | | | |
| | 30．结账 | | | | | | | | | | | | | | | | |

## 第四年业务流程处理表

| 序号 | 企业经营流程<br>请按顺序执行下列各项任务 | 每执行完一项操作，营销总监（助理）在相应的方格内填写产成品的增减和销售情况。 | | | | | | | | | | | | | | | |
|---|---|---|---|---|---|---|---|---|---|---|---|---|---|---|---|---|---|
| 年初 | 1．新年度规划会议 | | | | | | | | | | | | | | | | |
| | 2．参加订货会/登记销售订单 | | | | | | | | | | | | | | | | |
| | 3．制订新年度计划 | | | | | | | | | | | | | | | | |
| | 4．支付应交税金 | | | | | | | | | | | | | | | | |
| 日常运营工作 | | P1 | P2 | P3 | P4 | P1 | P2 | P3 | P4 | P1 | P2 | P3 | P4 | P1 | P2 | P3 | P4 |
| | 5．季初产成品盘点（请填余额） | | | | | | | | | | | | | | | | |
| | 6．更新短期贷款/还本付息 | | | | | | | | | | | | | | | | |
| | 7．申请短期贷款（高利贷） | | | | | | | | | | | | | | | | |
| | 8．更新应付账款/归还应付账款 | | | | | | | | | | | | | | | | |
| | 9．原材料入库/更新原材料订单 | | | | | | | | | | | | | | | | |
| | 10．下原材料订单 | | | | | | | | | | | | | | | | |
| | 11．更新生产/完工入库 | | | | | | | | | | | | | | | | |
| | 12．投资新生产线/变卖生产线/生产线转产 | | | | | | | | | | | | | | | | |
| | 13．向其他企业购买原材料/出售原材料 | | | | | | | | | | | | | | | | |
| | 14．开始下一批生产 | | | | | | | | | | | | | | | | |
| | 15．更新应收账款/应收账款收现 | | | | | | | | | | | | | | | | |
| | 16．出售厂房 | | | | | | | | | | | | | | | | |
| | 17．向其他企业购买成品/出售成品 | | | | | | | | | | | | | | | | |
| | 18．按订单交货 | | | | | | | | | | | | | | | | |
| | 19．产品研发投资 | | | | | | | | | | | | | | | | |
| | 20．支付行政管理费 | | | | | | | | | | | | | | | | |
| | 21．其他现金收支情况登记 | | | | | | | | | | | | | | | | |
| | 22．产成品入库合计 | | | | | | | | | | | | | | | | |
| | 23．产成品出库合计 | | | | | | | | | | | | | | | | |
| | 24．期末产成品对账（请填余额） | | | | | | | | | | | | | | | | |
| 年末 | 25．支付长期贷款利息/更新长期贷款/申请长期贷款 | | | | | | | | | | | | | | | | |
| | 26．支付设备维护费 | | | | | | | | | | | | | | | | |
| | 27．支付租金/购买厂房 | | | | | | | | | | | | | | | | |
| | 28．计提折旧 | | | | | | | | | | | | | | | | |
| | 29．新市场开拓/ISO 资格认证投资 | | | | | | | | | | | | | | | | |
| | 30．结账 | | | | | | | | | | | | | | | | |

## 第五年业务流程处理表

| 序号 | 企业经营流程<br>请按顺序执行下列各项任务 | 每执行完一项操作，营销总监（助理）在相应的方格内填写产成品的增减和销售情况。 | | | | | | | | | | | | | | | |
|---|---|---|---|---|---|---|---|---|---|---|---|---|---|---|---|---|---|
| 年初 | 1. 新年度规划会议 | | | | | | | | | | | | | | | | |
| | 2. 参加订货会/登记销售订单 | | | | | | | | | | | | | | | | |
| | 3. 制订新年度计划 | | | | | | | | | | | | | | | | |
| | 4. 支付应交税金 | | | | | | | | | | | | | | | | |
| 日常运营工作 | | P1 | P2 | P3 | P4 | P1 | P2 | P3 | P4 | P1 | P2 | P3 | P4 | P1 | P2 | P3 | P4 |
| | 5. 季初产成品盘点（请填余额） | | | | | | | | | | | | | | | | |
| | 6. 更新短期贷款/还本付息 | | | | | | | | | | | | | | | | |
| | 7. 申请短期贷款（高利贷） | | | | | | | | | | | | | | | | |
| | 8. 更新应付账款/归还应付账款 | | | | | | | | | | | | | | | | |
| | 9. 原材料入库/更新原材料订单 | | | | | | | | | | | | | | | | |
| | 10. 下原材料订单 | | | | | | | | | | | | | | | | |
| | 11. 更新生产/完工入库 | | | | | | | | | | | | | | | | |
| | 12. 投资新生产线/变卖生产线/生产线转产 | | | | | | | | | | | | | | | | |
| | 13. 向其他企业购买原材料/出售原材料 | | | | | | | | | | | | | | | | |
| | 14. 开始下一批生产 | | | | | | | | | | | | | | | | |
| | 15. 更新应收账款/应收账款收现 | | | | | | | | | | | | | | | | |
| | 16. 出售厂房 | | | | | | | | | | | | | | | | |
| | 17. 向其他企业购买成品/出售成品 | | | | | | | | | | | | | | | | |
| | 18. 按订单交货 | | | | | | | | | | | | | | | | |
| | 19. 产品研发投资 | | | | | | | | | | | | | | | | |
| | 20. 支付行政管理费 | | | | | | | | | | | | | | | | |
| | 21. 其他现金收支情况登记 | | | | | | | | | | | | | | | | |
| | 22. 产成品入库合计 | | | | | | | | | | | | | | | | |
| | 23. 产成品出库合计 | | | | | | | | | | | | | | | | |
| | 24. 期末产成品对账（请填余额） | | | | | | | | | | | | | | | | |
| 年末 | 25. 支付长期贷款利息/更新长期贷款/申请长期贷款 | | | | | | | | | | | | | | | | |
| | 26. 支付设备维护费 | | | | | | | | | | | | | | | | |
| | 27. 支付租金/购买厂房 | | | | | | | | | | | | | | | | |
| | 28. 计提折旧 | | | | | | | | | | | | | | | | |
| | 29. 新市场开拓/ISO 资格认证投资 | | | | | | | | | | | | | | | | |
| | 30. 结账 | | | | | | | | | | | | | | | | |

## 第六年业务流程处理表

| 序号 | 企业经营流程<br>请按顺序执行下列各项任务 | 每执行完一项操作，营销总监（助理）在相应的方格内填写产成品的增减和销售情况。 | | | | | | | | | | | | | | | |
|---|---|---|---|---|---|---|---|---|---|---|---|---|---|---|---|---|---|
| 年初 | 1．新年度规划会议 | | | | | | | | | | | | | | | | |
| | 2．参加订货会/登记销售订单 | | | | | | | | | | | | | | | | |
| | 3．制订新年度计划 | | | | | | | | | | | | | | | | |
| | 4．支付应交税金 | | | | | | | | | | | | | | | | |
| 日常运营工作 | | P1 | P2 | P3 | P4 | P1 | P2 | P3 | P4 | P1 | P2 | P3 | P4 | P1 | P2 | P3 | P4 |
| | 5．季初产成品盘点（请填余额） | | | | | | | | | | | | | | | | |
| | 6．更新短期贷款/还本付息 | | | | | | | | | | | | | | | | |
| | 7．申请短期贷款（高利贷） | | | | | | | | | | | | | | | | |
| | 8．更新应付账款/归还应付账款 | | | | | | | | | | | | | | | | |
| | 9．原材料入库/更新原材料订单 | | | | | | | | | | | | | | | | |
| | 10．下原材料订单 | | | | | | | | | | | | | | | | |
| | 11．更新生产/完工入库 | | | | | | | | | | | | | | | | |
| | 12．投资新生产线/变卖生产线/生产线转产 | | | | | | | | | | | | | | | | |
| | 13．向其他企业购买原材料/出售原材料 | | | | | | | | | | | | | | | | |
| | 14．开始下一批生产 | | | | | | | | | | | | | | | | |
| | 15．更新应收账款/应收账款收现 | | | | | | | | | | | | | | | | |
| | 16．出售厂房 | | | | | | | | | | | | | | | | |
| | 17．向其他企业购买成品/出售成品 | | | | | | | | | | | | | | | | |
| | 18．按订单交货 | | | | | | | | | | | | | | | | |
| | 19．产品研发投资 | | | | | | | | | | | | | | | | |
| | 20．支付行政管理费 | | | | | | | | | | | | | | | | |
| | 21．其他现金收支情况登记 | | | | | | | | | | | | | | | | |
| | 22．产成品入库合计 | | | | | | | | | | | | | | | | |
| | 23．产成品出库合计 | | | | | | | | | | | | | | | | |
| | 24．期末产成品对账（请填余额） | | | | | | | | | | | | | | | | |
| 年末 | 25．支付长期贷款利息/更新长期贷款/申请长期贷款 | | | | | | | | | | | | | | | | |
| | 26．支付设备维护费 | | | | | | | | | | | | | | | | |
| | 27．支付租金/购买厂房 | | | | | | | | | | | | | | | | |
| | 28．计提折旧 | | | | | | | | | | | | | | | | |
| | 29．新市场开拓/ISO 资格认证投资 | | | | | | | | | | | | | | | | |
| | 30．结账 | | | | | | | | | | | | | | | | |

＿＿＿＿＿公司组间交易登记表

| 产品交易订单 | | | | |
|---|---|---|---|---|
| 购买单位 | | 购买时间 | 年 | 季 |
| 销售单位 | | 完工时间 | 年 | 季 |
| | 产品 | | | |
| 产品/原材料 | P1 | P2 | P3 | P4 |
| 成交数量 | | | | |
| 成交金额 | | | | |
| 付款方式 | | | | |
| 购买方签字 | | | | |
| 销售方签字 | | | | |
| 审核人 CEO | | | | |

注：1．本协议可以事先签订，但必须交双方监督员审核签字后生效

2．如果没有双方监督人签字，视为无效交易

3．无效交易按交易额扣除双方利润

| 产品交易订单 | | | | |
|---|---|---|---|---|
| 购买单位 | | 购买时间 | 年 | 季 |
| 销售单位 | | 完工时间 | 年 | 季 |
| | 产品 | | | |
| 产品/原材料 | P1 | P2 | P3 | P4 |
| 成交数量 | | | | |
| 成交金额 | | | | |
| 付款方式 | | | | |
| 购买方签字 | | | | |
| 销售方签字 | | | | |
| 审核人 CEO | | | | |

注：1．本协议可以事先签订，但必须交双方监督员审核签字后生效

2．如果没有双方监督人签字，视为无效交易

3．无效交易按交易额扣除双方利润

| 产品交易订单 | | | | |
|---|---|---|---|---|
| 购买单位 | | 购买时间 | 年 | 季 |
| 销售单位 | | 完工时间 | 年 | 季 |
| | 产品 | | | |
| 产品/原材料 | P1 | P2 | P3 | P4 |
| 成交数量 | | | | |
| 成交金额 | | | | |
| 付款方式 | | | | |
| 购买方签字 | | | | |
| 销售方签字 | | | | |
| 审核人 CEO | | | | |
| 注：1．本协议可以事先签订，但必须交双方监督员审核签字后生效 | | | | |
| 2．如果没有双方监督人签字，视为无效交易 | | | | |
| 3．无效交易按交易额扣除双方利润 | | | | |

| 产品交易订单 | | | | |
|---|---|---|---|---|
| 购买单位 | | 购买时间 | 年 | 季 |
| 销售单位 | | 完工时间 | 年 | 季 |
| | 产品 | | | |
| 产品/原材料 | P1 | P2 | P3 | P4 |
| 成交数量 | | | | |
| 成交金额 | | | | |
| 付款方式 | | | | |
| 购买方签字 | | | | |
| 销售方签字 | | | | |
| 审核人 CEO | | | | |
| 注：1．本协议可以事先签订，但必须交双方监督员审核签字后生效 | | | | |
| 2．如果没有双方监督人签字，视为无效交易 | | | | |
| 3．无效交易按交易额扣除双方利润 | | | | |

**产品交易订单**

| 购买单位 | | 购买时间 | 年 | 季 |
|---|---|---|---|---|
| 销售单位 | | 完工时间 | 年 | 季 |
| | 产品 | | | |
| 产品/原材料 | P1 | P2 | P3 | P4 |
| 成交数量 | | | | |
| 成交金额 | | | | |
| 付款方式 | | | | |
| 购买方签字 | | | | |
| 销售方签字 | | | | |
| 审核人 CEO | | | | |

注：1．本协议可以事先签订，但必须交双方监督员审核签字后生效

2．如果没有双方监督人签字，视为无效交易

3．无效交易按交易额扣除双方利润

**产品交易订单**

| 购买单位 | | 购买时间 | 年 | 季 |
|---|---|---|---|---|
| 销售单位 | | 完工时间 | 年 | 季 |
| | 产品 | | | |
| 产品/原材料 | P1 | P2 | P3 | P4 |
| 成交数量 | | | | |
| 成交金额 | | | | |
| 付款方式 | | | | |
| 购买方签字 | | | | |
| 销售方签字 | | | | |
| 审核人 CEO | | | | |

注：1．本协议可以事先签订，但必须交双方监督员审核签字后生效

2．如果没有双方监督人签字，视为无效交易

3．无效交易按交易额扣除双方利润

**__________公司市场开发投入登记表**

| 年度 | 区域市场（1y） | 国内市场（2y） | 亚洲市场（3y） | 国际市场（4y） | 完成 | 监督员签字 |
|---|---|---|---|---|---|---|
| 第一年 | | | | | | |
| 第二年 | | | | | | |
| 第三年 | | | | | | |
| 第四年 | | | | | | |
| 第五年 | | | | | | |
| 第六年 | | | | | | |
| 总计 | | | | | | |

______公司分组竞单表

第一年

| （本地） | | | | （区域） | | | | （国内） | | | | （亚洲） | | | | （国际） | | | |
|---|---|---|---|---|---|---|---|---|---|---|---|---|---|---|---|---|---|---|---|
| 产品 | 广告 | 9K | 14K | 产品 | 广告 | 9K | 14K | 产品 | 广告 | 9K | 14K | 产品 | 广告 | 9K | 14K | 产品 | 广告 | 9K | 14K |
| P1 | | | | P1 | | | | P1 | | | | P1 | | | | P1 | | | |
| P2 | | | | P2 | | | | P2 | | | | P2 | | | | P2 | | | |
| P3 | | | | P3 | | | | P3 | | | | P3 | | | | P3 | | | |
| P4 | | | | P4 | | | | P4 | | | | P4 | | | | P4 | | | |

第二年

| （本地） | | | | （区域） | | | | （国内） | | | | （亚洲） | | | | （国际） | | | |
|---|---|---|---|---|---|---|---|---|---|---|---|---|---|---|---|---|---|---|---|
| 产品 | 广告 | 9K | 14K | 产品 | 广告 | 9K | 14K | 产品 | 广告 | 9K | 14K | 产品 | 广告 | 9K | 14K | 产品 | 广告 | 9K | 14K |
| P1 | | | | P1 | | | | P1 | | | | P1 | | | | P1 | | | |
| P2 | | | | P2 | | | | P2 | | | | P2 | | | | P2 | | | |
| P3 | | | | P3 | | | | P3 | | | | P3 | | | | P3 | | | |
| P4 | | | | P4 | | | | P4 | | | | P4 | | | | P4 | | | |

第三年

| （本地） | | | | （区域） | | | | （国内） | | | | （亚洲） | | | | （国际） | | | |
|---|---|---|---|---|---|---|---|---|---|---|---|---|---|---|---|---|---|---|---|
| 产品 | 广告 | 9K | 14K | 产品 | 广告 | 9K | 14K | 产品 | 广告 | 9K | 14K | 产品 | 广告 | 9K | 14K | 产品 | 广告 | 9K | 14K |
| P1 | | | | P1 | | | | P1 | | | | P1 | | | | P1 | | | |
| P2 | | | | P2 | | | | P2 | | | | P2 | | | | P2 | | | |
| P3 | | | | P3 | | | | P3 | | | | P3 | | | | P3 | | | |
| P4 | | | | P4 | | | | P4 | | | | P4 | | | | P4 | | | |

第四年

| （本地） | | | | （区域） | | | | （国内） | | | | （亚洲） | | | | （国际） | | | |
|---|---|---|---|---|---|---|---|---|---|---|---|---|---|---|---|---|---|---|---|
| 产品 | 广告 | 9K | 14K | 产品 | 广告 | 9K | 14K | 产品 | 广告 | 9K | 14K | 产品 | 广告 | 9K | 14K | 产品 | 广告 | 9K | 14K |
| P1 | | | | P1 | | | | P1 | | | | P1 | | | | P1 | | | |
| P2 | | | | P2 | | | | P2 | | | | P2 | | | | P2 | | | |
| P3 | | | | P3 | | | | P3 | | | | P3 | | | | P3 | | | |
| P4 | | | | P4 | | | | P4 | | | | P4 | | | | P4 | | | |

第五年

| （本地） | | | | （区域） | | | | （国内） | | | | （亚洲） | | | | （国际） | | | |
|---|---|---|---|---|---|---|---|---|---|---|---|---|---|---|---|---|---|---|---|
| 产品 | 广告 | 9K | 14K | 产品 | 广告 | 9K | 14K | 产品 | 广告 | 9K | 14K | 产品 | 广告 | 9K | 14K | 产品 | 广告 | 9K | 14K |
| P1 | | | | P1 | | | | P1 | | | | P1 | | | | P1 | | | |
| P2 | | | | P2 | | | | P2 | | | | P2 | | | | P2 | | | |
| P3 | | | | P3 | | | | P3 | | | | P3 | | | | P3 | | | |
| P4 | | | | P4 | | | | P4 | | | | P4 | | | | P4 | | | |

第六年

| （本地） | | | | （区域） | | | | （国内） | | | | （亚洲） | | | | （国际） | | | |
|---|---|---|---|---|---|---|---|---|---|---|---|---|---|---|---|---|---|---|---|
| 产品 | 广告 | 9K | 14K | 产品 | 广告 | 9K | 14K | 产品 | 广告 | 9K | 14K | 产品 | 广告 | 9K | 14K | 产品 | 广告 | 9K | 14K |
| P1 | | | | P1 | | | | P1 | | | | P1 | | | | P1 | | | |
| P2 | | | | P2 | | | | P2 | | | | P2 | | | | P2 | | | |
| P3 | | | | P3 | | | | P3 | | | | P3 | | | | P3 | | | |
| P4 | | | | P4 | | | | P4 | | | | P4 | | | | P4 | | | |

# 附录 E 实战业务运营流程处理表（______公司生产总监）

第一年业务流程处理表

| 序号 | 企业经营流程<br>请按顺序执行下列各项任务 | 每执行完一项操作，生产总监（助理）在相应的方格内填写在制品生产和产品研发情况。 | | | | | | | | | | | | | | | |
|---|---|---|---|---|---|---|---|---|---|---|---|---|---|---|---|---|---|
| 年初 | 1．新年度规划会议 | | | | | | | | | | | | | | | | |
| | 2．参加订货会/登记销售订单 | | | | | | | | | | | | | | | | |
| | 3．制订新年度计划 | | | | | | | | | | | | | | | | |
| | 4．支付应交税金 | | | | | | | | | | | | | | | | |
| 日常运营工作 | | P1 | P2 | P3 | P4 | P1 | P2 | P3 | P4 | P1 | P2 | P3 | P4 | P1 | P2 | P3 | P4 |
| | 5．季初在制品盘点（请填余额） | | | | | | | | | | | | | | | | |
| | 6．更新短期贷款/还本付息 | | | | | | | | | | | | | | | | |
| | 7．申请短期贷款（高利贷） | | | | | | | | | | | | | | | | |
| | 8．更新应付账款/归还应付账款 | | | | | | | | | | | | | | | | |
| | 9．原材料入库/更新原材料订单 | | | | | | | | | | | | | | | | |
| | 10．下原材料订单 | | | | | | | | | | | | | | | | |
| | 11．更新生产/完工入库 | | | | | | | | | | | | | | | | |
| | 12．投资新生产线/变卖生产线/生产线转产 | | | | | | | | | | | | | | | | |
| | 13．向其他企业购买原材料/出售原材料 | | | | | | | | | | | | | | | | |
| | 14．开始下一批生产 | | | | | | | | | | | | | | | | |
| | 15．更新应收账款/应收账款收现 | | | | | | | | | | | | | | | | |
| | 16．出售厂房 | | | | | | | | | | | | | | | | |
| | 17．向其他企业购买成品/出售成品 | | | | | | | | | | | | | | | | |
| | 18．按订单交货 | | | | | | | | | | | | | | | | |
| | 19．产品研发投资 | | | | | | | | | | | | | | | | |
| | 20．支付行政管理费 | | | | | | | | | | | | | | | | |
| | 21．其他现金收支情况登记 | | | | | | | | | | | | | | | | |
| | 22．在制品上线合计 | | | | | | | | | | | | | | | | |
| | 23．在制品下线合计 | | | | | | | | | | | | | | | | |
| | 24．期末在制品对账（请填余额） | | | | | | | | | | | | | | | | |
| 年末 | 25．支付长期贷款利息/更新长期贷款/申请长期贷款 | | | | | | | | | | | | | | | | |
| | 26．支付设备维护费 | | | | | | | | | | | | | | | | |
| | 27．支付租金/购买厂房 | | | | | | | | | | | | | | | | |
| | 28．计提折旧 | | | | | | | | | | | | | | | | |
| | 29．新市场开拓/ISO 资格认证投资 | | | | | | | | | | | | | | | | |
| | 30．结账 | | | | | | | | | | | | | | | | |

**第二年业务流程处理表**

| 序号 | 企业经营流程<br>请按顺序执行下列各项任务 | 每执行完一项操作，生产总监（助理）在相应的方格内填写在制品生产和产品研发情况。 | | | | | | | | | | | | | | | |
|---|---|---|---|---|---|---|---|---|---|---|---|---|---|---|---|---|---|
| 年初 | 1．新年度规划会议 | | | | | | | | | | | | | | | | |
| | 2．参加订货会/登记销售订单 | | | | | | | | | | | | | | | | |
| | 3．制订新年度计划 | | | | | | | | | | | | | | | | |
| | 4．支付应交税金 | | | | | | | | | | | | | | | | |
| 日常运营工作 | | P1 | P2 | P3 | P4 | P1 | P2 | P3 | P4 | P1 | P2 | P3 | P4 | P1 | P2 | P3 | P4 |
| | 5．季初在制品盘点（请填余额） | | | | | | | | | | | | | | | | |
| | 6．更新短期贷款/还本付息 | | | | | | | | | | | | | | | | |
| | 7．申请短期贷款（高利贷） | | | | | | | | | | | | | | | | |
| | 8．更新应付账款/归还应付账款 | | | | | | | | | | | | | | | | |
| | 9．原材料入库/更新原材料订单 | | | | | | | | | | | | | | | | |
| | 10．下原材料订单 | | | | | | | | | | | | | | | | |
| | 11．更新生产/完工入库 | | | | | | | | | | | | | | | | |
| | 12．投资新生产线/变卖生产线/生产线转产 | | | | | | | | | | | | | | | | |
| | 13．向其他企业购买原材料/出售原材料 | | | | | | | | | | | | | | | | |
| | 14．开始下一批生产 | | | | | | | | | | | | | | | | |
| | 15．更新应收账款/应收账款收现 | | | | | | | | | | | | | | | | |
| | 16．出售厂房 | | | | | | | | | | | | | | | | |
| | 17．向其他企业购买成品/出售成品 | | | | | | | | | | | | | | | | |
| | 18．按订单交货 | | | | | | | | | | | | | | | | |
| | 19．产品研发投资 | | | | | | | | | | | | | | | | |
| | 20．支付行政管理费 | | | | | | | | | | | | | | | | |
| | 21．其他现金收支情况登记 | | | | | | | | | | | | | | | | |
| | 22．在制品上线合计 | | | | | | | | | | | | | | | | |
| | 23．在制品下线合计 | | | | | | | | | | | | | | | | |
| | 24．期末在制品对账（请填余额） | | | | | | | | | | | | | | | | |
| 年末 | 25．支付长期贷款利息/更新长期贷款/申请长期贷款 | | | | | | | | | | | | | | | | |
| | 26．支付设备维护费 | | | | | | | | | | | | | | | | |
| | 27．支付租金/购买厂房 | | | | | | | | | | | | | | | | |
| | 28．计提折旧 | | | | | | | | | | | | | | | | |
| | 29．新市场开拓/ISO 资格认证投资 | | | | | | | | | | | | | | | | |
| | 30．结账 | | | | | | | | | | | | | | | | |

## 第三年业务流程处理表

| 序号 | 企业经营流程<br>请按顺序执行下列各项任务 | 每执行完一项操作，生产总监（助理）在相应的方格内填写在制品生产和产品研发情况。 | | | | | | | | | | | | | | | |
|---|---|---|---|---|---|---|---|---|---|---|---|---|---|---|---|---|---|
| 年初 | 1．新年度规划会议 | | | | | | | | | | | | | | | | |
| | 2．参加订货会/登记销售订单 | | | | | | | | | | | | | | | | |
| | 3．制订新年度计划 | | | | | | | | | | | | | | | | |
| | 4．支付应交税金 | | | | | | | | | | | | | | | | |
| 日常运营工作 | | P1 | P2 | P3 | P4 | P1 | P2 | P3 | P4 | P1 | P2 | P3 | P4 | P1 | P2 | P3 | P4 |
| | 5．季初在制品盘点（请填余额） | | | | | | | | | | | | | | | | |
| | 6．更新短期贷款/还本付息 | | | | | | | | | | | | | | | | |
| | 7．申请短期贷款（高利贷） | | | | | | | | | | | | | | | | |
| | 8．更新应付账款/归还应付账款 | | | | | | | | | | | | | | | | |
| | 9．原材料入库/更新原材料订单 | | | | | | | | | | | | | | | | |
| | 10．下原材料订单 | | | | | | | | | | | | | | | | |
| | 11．更新生产/完工入库 | | | | | | | | | | | | | | | | |
| | 12．投资新生产线/变卖生产线/生产线转产 | | | | | | | | | | | | | | | | |
| | 13．向其他企业购买原材料/出售原材料 | | | | | | | | | | | | | | | | |
| | 14．开始下一批生产 | | | | | | | | | | | | | | | | |
| | 15．更新应收账款/应收款收账现 | | | | | | | | | | | | | | | | |
| | 16．出售厂房 | | | | | | | | | | | | | | | | |
| | 17．向其他企业购买成品/出售成品 | | | | | | | | | | | | | | | | |
| | 18．按订单交货 | | | | | | | | | | | | | | | | |
| | 19．产品研发投资 | | | | | | | | | | | | | | | | |
| | 20．支付行政管理费 | | | | | | | | | | | | | | | | |
| | 21．其他现金收支情况登记 | | | | | | | | | | | | | | | | |
| | 22．在制品上线合计 | | | | | | | | | | | | | | | | |
| | 23．在制品下线合计 | | | | | | | | | | | | | | | | |
| | 24．期末在制品对账（请填余额） | | | | | | | | | | | | | | | | |
| 年末 | 25．支付长期贷款利息/更新长期贷款/申请长期贷款 | | | | | | | | | | | | | | | | |
| | 26．支付设备维护费 | | | | | | | | | | | | | | | | |
| | 27．支付租金/购买厂房 | | | | | | | | | | | | | | | | |
| | 28．计提折旧 | | | | | | | | | | | | | | | | |
| | 29．新市场开拓/ISO 资格认证投资 | | | | | | | | | | | | | | | | |
| | 30．结账 | | | | | | | | | | | | | | | | |

### 第四年业务流程处理表

| 序号 | 企业经营流程<br>请按顺序执行下列各项任务 | 每执行完一项操作，生产总监（助理）在相应的方格内填写在制品生产和产品研发情况。 | | | | | | | | | | | | | | | |
|---|---|---|---|---|---|---|---|---|---|---|---|---|---|---|---|---|---|
| 年初 | 1．新年度规划会议 | | | | | | | | | | | | | | | | |
| | 2．参加订货会/登记销售订单 | | | | | | | | | | | | | | | | |
| | 3．制订新年度计划 | | | | | | | | | | | | | | | | |
| | 4．支付应交税金 | | | | | | | | | | | | | | | | |
| 日常运营工作 | | P1 | P2 | P3 | P4 | P1 | P2 | P3 | P4 | P1 | P2 | P3 | P4 | P1 | P2 | P3 | P4 |
| | 5．季初在制品盘点（请填余额） | | | | | | | | | | | | | | | | |
| | 6．更新短期贷款/还本付息 | | | | | | | | | | | | | | | | |
| | 7．申请短期贷款（高利贷） | | | | | | | | | | | | | | | | |
| | 8．更新应付账款/归还应付账款 | | | | | | | | | | | | | | | | |
| | 9．原材料入库/更新原材料订单 | | | | | | | | | | | | | | | | |
| | 10．下原材料订单 | | | | | | | | | | | | | | | | |
| | 11．更新生产/完工入库 | | | | | | | | | | | | | | | | |
| | 12．投资新生产线/变卖生产线/生产线转产 | | | | | | | | | | | | | | | | |
| | 13．向其他企业购买原材料/出售原材料 | | | | | | | | | | | | | | | | |
| | 14．开始下一批生产 | | | | | | | | | | | | | | | | |
| | 15．更新应收账款/应收账款收现 | | | | | | | | | | | | | | | | |
| | 16．出售厂房 | | | | | | | | | | | | | | | | |
| | 17．向其他企业购买成品/出售成品 | | | | | | | | | | | | | | | | |
| | 18．按订单交货 | | | | | | | | | | | | | | | | |
| | 19．产品研发投资 | | | | | | | | | | | | | | | | |
| | 20．支付行政管理费 | | | | | | | | | | | | | | | | |
| | 21．其他现金收支情况登记 | | | | | | | | | | | | | | | | |
| | 22．在制品上线合计 | | | | | | | | | | | | | | | | |
| | 23．在制品下线合计 | | | | | | | | | | | | | | | | |
| | 24．期末在制品对账（请填余额） | | | | | | | | | | | | | | | | |
| 年末 | 25．支付长期贷款利息/更新长期贷款/申请长期贷款 | | | | | | | | | | | | | | | | |
| | 26．支付设备维护费 | | | | | | | | | | | | | | | | |
| | 27．支付租金/购买厂房 | | | | | | | | | | | | | | | | |
| | 28．计提折旧 | | | | | | | | | | | | | | | | |
| | 29．新市场开拓/ISO 资格认证投资 | | | | | | | | | | | | | | | | |
| | 30．结账 | | | | | | | | | | | | | | | | |

## 第五年业务流程处理表

| 序号 | 企业经营流程<br>请按顺序执行下列各项任务 | 每执行完一项操作，生产总监（助理）在相应的方格内填写在制品生产和产品研发情况。 | | | | | | | | | | | | | | | |
|---|---|---|---|---|---|---|---|---|---|---|---|---|---|---|---|---|---|
| 年初 | 1．新年度规划会议 | | | | | | | | | | | | | | | | |
| | 2．参加订货会/登记销售订单 | | | | | | | | | | | | | | | | |
| | 3．制订新年度计划 | | | | | | | | | | | | | | | | |
| | 4．支付应交税金 | | | | | | | | | | | | | | | | |
| 日常运营工作 | | P1 | P2 | P3 | P4 | P1 | P2 | P3 | P4 | P1 | P2 | P3 | P4 | P1 | P2 | P3 | P4 |
| | 5．季初在制品盘点（请填余额） | | | | | | | | | | | | | | | | |
| | 6．更新短期贷款/还本付息 | | | | | | | | | | | | | | | | |
| | 7．申请短期贷款（高利贷） | | | | | | | | | | | | | | | | |
| | 8．更新应付账款/归还应付账款 | | | | | | | | | | | | | | | | |
| | 9．原材料入库/更新原材料订单 | | | | | | | | | | | | | | | | |
| | 10．下原材料订单 | | | | | | | | | | | | | | | | |
| | 11．更新生产/完工入库 | | | | | | | | | | | | | | | | |
| | 12．投资新生产线/变卖生产线/生产线转产 | | | | | | | | | | | | | | | | |
| | 13．向其他企业购买原材料/出售原材料 | | | | | | | | | | | | | | | | |
| | 14．开始下一批生产 | | | | | | | | | | | | | | | | |
| | 15．更新应收账款/应收账款收现 | | | | | | | | | | | | | | | | |
| | 16．出售厂房 | | | | | | | | | | | | | | | | |
| | 17．向其他企业购买成品/出售成品 | | | | | | | | | | | | | | | | |
| | 18．按订单交货 | | | | | | | | | | | | | | | | |
| | 19．产品研发投资 | | | | | | | | | | | | | | | | |
| | 20．支付行政管理费 | | | | | | | | | | | | | | | | |
| | 21．其他现金收支情况登记 | | | | | | | | | | | | | | | | |
| | 22．在制品上线合计 | | | | | | | | | | | | | | | | |
| | 23．在制品下线合计 | | | | | | | | | | | | | | | | |
| | 24．期末在制品对账（请填余额） | | | | | | | | | | | | | | | | |
| 年末 | 25．支付长期贷款利息/更新长期贷款/申请长期贷款 | | | | | | | | | | | | | | | | |
| | 26．支付设备维护费 | | | | | | | | | | | | | | | | |
| | 27．支付租金/购买厂房 | | | | | | | | | | | | | | | | |
| | 28．计提折旧 | | | | | | | | | | | | | | | | |
| | 29．新市场开拓/ISO 资格认证投资 | | | | | | | | | | | | | | | | |
| | 30．结账 | | | | | | | | | | | | | | | | |

**第六年业务流程处理表**

| 序号 | 企业经营流程<br>请按顺序执行下列各项任务 | 每执行完一项操作，生产总监（助理）在相应的方格内填写在制品生产和产品研发情况。 | | | | | | | | | | | | | | | |
|---|---|---|---|---|---|---|---|---|---|---|---|---|---|---|---|---|---|
| 年初 | 1. 新年度规划会议 | | | | | | | | | | | | | | | | |
| | 2. 参加订货会/登记销售订单 | | | | | | | | | | | | | | | | |
| | 3. 制订新年度计划 | | | | | | | | | | | | | | | | |
| | 4. 支付应交税金 | | | | | | | | | | | | | | | | |
| 日常运营工作 | | P1 | P2 | P3 | P4 | P1 | P2 | P3 | P4 | P1 | P2 | P3 | P4 | P1 | P2 | P3 | P4 |
| | 5. 季初在制品盘点（请填余额） | | | | | | | | | | | | | | | | |
| | 6. 更新短期贷款/还本付息 | | | | | | | | | | | | | | | | |
| | 7. 申请短期贷款（高利贷） | | | | | | | | | | | | | | | | |
| | 8. 更新应付账款/归还应付账款 | | | | | | | | | | | | | | | | |
| | 9. 原材料入库/更新原材料订单 | | | | | | | | | | | | | | | | |
| | 10. 下原材料订单 | | | | | | | | | | | | | | | | |
| | 11. 更新生产/完工入库 | | | | | | | | | | | | | | | | |
| | 12. 投资新生产线/变卖生产线/生产线转产 | | | | | | | | | | | | | | | | |
| | 13. 向其他企业购买原材料/出售原材料 | | | | | | | | | | | | | | | | |
| | 14. 开始下一批生产 | | | | | | | | | | | | | | | | |
| | 15. 更新应收账款/应收账款收现 | | | | | | | | | | | | | | | | |
| | 16. 出售厂房 | | | | | | | | | | | | | | | | |
| | 17. 向其他企业购买成品/出售成品 | | | | | | | | | | | | | | | | |
| | 18. 按订单交货 | | | | | | | | | | | | | | | | |
| | 19. 产品研发投资 | | | | | | | | | | | | | | | | |
| | 20. 支付行政管理费 | | | | | | | | | | | | | | | | |
| | 21. 其他现金收支情况登记 | | | | | | | | | | | | | | | | |
| | 22. 在制品上线合计 | | | | | | | | | | | | | | | | |
| | 23. 在制品下线合计 | | | | | | | | | | | | | | | | |
| | 24. 期末在制品对账（请填余额） | | | | | | | | | | | | | | | | |
| 年末 | 25. 支付长期贷款利息/更新长期贷款/申请长期贷款 | | | | | | | | | | | | | | | | |
| | 26. 支付设备维护费 | | | | | | | | | | | | | | | | |
| | 27. 支付租金/购买厂房 | | | | | | | | | | | | | | | | |
| | 28. 计提折旧 | | | | | | | | | | | | | | | | |
| | 29. 新市场开拓/ISO 资格认证投资 | | | | | | | | | | | | | | | | |
| | 30. 结账 | | | | | | | | | | | | | | | | |

**__________公司产品研发登记表**

| 产品 | 第一年 | 第二年 | 第三年 | 第四年 | 第五年 | 第六年 | 总计 | 完成 | 监督员签字 |
|---|---|---|---|---|---|---|---|---|---|
| P1 | | | | | | | | | |
| P2 | | | | | | | | | |
| P3 | | | | | | | | | |
| P4 | | | | | | | | | |
| 合计 | | | | | | | | | |

__________公司生产线登记表

| 生产线 | | 第一年 | | | | 第二年 | | | | 第三年 | | | | 第四年 | | | | 第五年 | | | | 第六年 | | | |
|---|---|---|---|---|---|---|---|---|---|---|---|---|---|---|---|---|---|---|---|---|---|---|---|---|---|
| | | 1 | 2 | 3 | 4 | 1 | 2 | 3 | 4 | 1 | 2 | 3 | 4 | 1 | 2 | 3 | 4 | 1 | 2 | 3 | 4 | 1 | 2 | 3 | 4 |
| 1 | 买 | | | | | | | | | | | | | | | | | | | | | | | | |
| | 卖 | | | | | | | | | | | | | | | | | | | | | | | | |
| | 转产 | | | | | | | | | | | | | | | | | | | | | | | | |
| 2 | 买 | | | | | | | | | | | | | | | | | | | | | | | | |
| | 卖 | | | | | | | | | | | | | | | | | | | | | | | | |
| | 转产 | | | | | | | | | | | | | | | | | | | | | | | | |
| 3 | 买 | | | | | | | | | | | | | | | | | | | | | | | | |
| | 卖 | | | | | | | | | | | | | | | | | | | | | | | | |
| | 转产 | | | | | | | | | | | | | | | | | | | | | | | | |
| 4 | 买 | | | | | | | | | | | | | | | | | | | | | | | | |
| | 卖 | | | | | | | | | | | | | | | | | | | | | | | | |
| | 转产 | | | | | | | | | | | | | | | | | | | | | | | | |
| 5 | 买 | | | | | | | | | | | | | | | | | | | | | | | | |
| | 卖 | | | | | | | | | | | | | | | | | | | | | | | | |
| | 转产 | | | | | | | | | | | | | | | | | | | | | | | | |
| 6 | 买 | | | | | | | | | | | | | | | | | | | | | | | | |
| | 卖 | | | | | | | | | | | | | | | | | | | | | | | | |
| | 转产 | | | | | | | | | | | | | | | | | | | | | | | | |
| 7 | 买 | | | | | | | | | | | | | | | | | | | | | | | | |
| | 卖 | | | | | | | | | | | | | | | | | | | | | | | | |
| | 转产 | | | | | | | | | | | | | | | | | | | | | | | | |
| 8 | 买 | | | | | | | | | | | | | | | | | | | | | | | | |
| | 卖 | | | | | | | | | | | | | | | | | | | | | | | | |
| | 转产 | | | | | | | | | | | | | | | | | | | | | | | | |
| 9 | 买 | | | | | | | | | | | | | | | | | | | | | | | | |
| | 卖 | | | | | | | | | | | | | | | | | | | | | | | | |
| | 转产 | | | | | | | | | | | | | | | | | | | | | | | | |
| 10 | 买 | | | | | | | | | | | | | | | | | | | | | | | | |
| | 卖 | | | | | | | | | | | | | | | | | | | | | | | | |
| | 转产 | | | | | | | | | | | | | | | | | | | | | | | | |

# 附录 F　实战业务运营流程处理表（______公司采购总监）

## 第一年业务流程处理表

| 序号 | 企业经营流程<br>请按顺序执行下列各项任务 | 每执行完一项操作，采购总监（助理）在相应的方格内填写原材料的采购与使用。 | | | | | | | | | | | | | | | |
|---|---|---|---|---|---|---|---|---|---|---|---|---|---|---|---|---|---|
| 年初 | 1．新年度规划会议 | | | | | | | | | | | | | | | | |
| | 2．参加订货会/登记销售订单 | | | | | | | | | | | | | | | | |
| | 3．制订新年度计划 | | | | | | | | | | | | | | | | |
| | 4．支付应交税金 | | | | | | | | | | | | | | | | |
| 日常运营工作 | | R1 | R2 | R3 | R4 | R1 | R2 | R3 | R4 | R1 | R2 | R3 | R4 | R1 | R2 | R3 | R4 |
| | 5．季初原材料盘点（请填余额） | | | | | | | | | | | | | | | | |
| | 6．更新短期贷款/还本付息 | | | | | | | | | | | | | | | | |
| | 7．申请短期贷款（高利贷） | | | | | | | | | | | | | | | | |
| | 8．更新应付账款/归还应付账款 | | | | | | | | | | | | | | | | |
| | 9．原材料入库/更新原材料订单 | | | | | | | | | | | | | | | | |
| | 10．下原材料订单 | | | | | | | | | | | | | | | | |
| | 11．更新生产/完工入库 | | | | | | | | | | | | | | | | |
| | 12．投资新生产线/变卖生产线/生产线转产 | | | | | | | | | | | | | | | | |
| | 13．向其他企业购买原材料/出售原材料 | | | | | | | | | | | | | | | | |
| | 14．开始下一批生产 | | | | | | | | | | | | | | | | |
| | 15．更新应收账款/应收账款收现 | | | | | | | | | | | | | | | | |
| | 16．出售厂房 | | | | | | | | | | | | | | | | |
| | 17．向其他企业购买成品/出售成品 | | | | | | | | | | | | | | | | |
| | 18．按订单交货 | | | | | | | | | | | | | | | | |
| | 19．产品研发投资 | | | | | | | | | | | | | | | | |
| | 20．支付行政管理费 | | | | | | | | | | | | | | | | |
| | 21．其他现金收支情况登记 | | | | | | | | | | | | | | | | |
| | 22．原材料入库合计 | | | | | | | | | | | | | | | | |
| | 23．原材料出库合计 | | | | | | | | | | | | | | | | |
| | 24．期末原材料对账（请填余额） | | | | | | | | | | | | | | | | |
| 年末 | 25．支付长期贷款利息/更新长期贷款/申请长期贷款 | | | | | | | | | | | | | | | | |
| | 26．支付设备维护费 | | | | | | | | | | | | | | | | |
| | 27．支付租金/购买厂房 | | | | | | | | | | | | | | | | |
| | 28．计提折旧 | | | | | | | | | | | | | | | | |
| | 29．新市场开拓/ISO 资格认证投资 | | | | | | | | | | | | | | | | |
| | 30．结账 | | | | | | | | | | | | | | | | |

## 第二年业务流程处理表

| 序号 | 企业经营流程<br>请按顺序执行下列各项任务 | 每执行完一项操作，采购总监（助理）在相应的方格内填写原材料的采购与使用。 | | | | | | | | | | | | | | | |
|---|---|---|---|---|---|---|---|---|---|---|---|---|---|---|---|---|---|
| 年初 | 1．新年度规划会议 | | | | | | | | | | | | | | | | |
| | 2．参加订货会/登记销售订单 | | | | | | | | | | | | | | | | |
| | 3．制订新年度计划 | | | | | | | | | | | | | | | | |
| | 4．支付应交税金 | | | | | | | | | | | | | | | | |
| 日常运营工作 | | R1 | R2 | R3 | R4 | R1 | R2 | R3 | R4 | R1 | R2 | R3 | R4 | R1 | R2 | R3 | R4 |
| | 5．季初原材料盘点（请填余额） | | | | | | | | | | | | | | | | |
| | 6．更新短期贷款/还本付息 | | | | | | | | | | | | | | | | |
| | 7．申请短期贷款（高利贷） | | | | | | | | | | | | | | | | |
| | 8．更新应付账款/归还应付账款 | | | | | | | | | | | | | | | | |
| | 9．原材料入库/更新原材料订单 | | | | | | | | | | | | | | | | |
| | 10．下原材料订单 | | | | | | | | | | | | | | | | |
| | 11．更新生产/完工入库 | | | | | | | | | | | | | | | | |
| | 12．投资新生产线/变卖生产线/生产线转产 | | | | | | | | | | | | | | | | |
| | 13．向其他企业购买原材料/出售原材料 | | | | | | | | | | | | | | | | |
| | 14．开始下一批生产 | | | | | | | | | | | | | | | | |
| | 15．更新应收账款/应收账款收现 | | | | | | | | | | | | | | | | |
| | 16．出售厂房 | | | | | | | | | | | | | | | | |
| | 17．向其他企业购买成品/出售成品 | | | | | | | | | | | | | | | | |
| | 18．按订单交货 | | | | | | | | | | | | | | | | |
| | 19．产品研发投资 | | | | | | | | | | | | | | | | |
| | 20．支付行政管理费 | | | | | | | | | | | | | | | | |
| | 21．其他现金收支情况登记 | | | | | | | | | | | | | | | | |
| | 22．原材料入库合计 | | | | | | | | | | | | | | | | |
| | 23．原材料出库合计 | | | | | | | | | | | | | | | | |
| | 24．期末原材料对账（请填余额） | | | | | | | | | | | | | | | | |
| 年末 | 25．支付长期贷款利息/更新长期贷款/申请长期贷款 | | | | | | | | | | | | | | | | |
| | 26．支付设备维护费 | | | | | | | | | | | | | | | | |
| | 27．支付租金/购买厂房 | | | | | | | | | | | | | | | | |
| | 28．计提折旧 | | | | | | | | | | | | | | | | |
| | 29．新市场开拓/ISO 资格认证投资 | | | | | | | | | | | | | | | | |
| | 30．结账 | | | | | | | | | | | | | | | | |

**第三年业务流程处理表**

| 序号 | 企业经营流程<br>请按顺序执行下列各项任务 | 每执行完一项操作，采购总监（助理）在相应的方格内填写原材料的采购与使用。 | | | | | | | | | | | | | | | |
|---|---|---|---|---|---|---|---|---|---|---|---|---|---|---|---|---|---|
| 年初 | 1. 新年度规划会议 | | | | | | | | | | | | | | | | |
| | 2. 参加订货会/登记销售订单 | | | | | | | | | | | | | | | | |
| | 3. 制订新年度计划 | | | | | | | | | | | | | | | | |
| | 4. 支付应交税金 | | | | | | | | | | | | | | | | |
| 日常运营工作 | | R1 | R2 | R3 | R4 | R1 | R2 | R3 | R4 | R1 | R2 | R3 | R4 | R1 | R2 | R3 | R4 |
| | 5. 季初原材料盘点（请填余额） | | | | | | | | | | | | | | | | |
| | 6. 更新短期贷款/还本付息 | | | | | | | | | | | | | | | | |
| | 7. 申请短期贷款（高利贷） | | | | | | | | | | | | | | | | |
| | 8. 更新应付账款/归还应付账款 | | | | | | | | | | | | | | | | |
| | 9. 原材料入库/更新原材料订单 | | | | | | | | | | | | | | | | |
| | 10. 下原材料订单 | | | | | | | | | | | | | | | | |
| | 11. 更新生产/完工入库 | | | | | | | | | | | | | | | | |
| | 12. 投资新生产线/变卖生产线/生产线转产 | | | | | | | | | | | | | | | | |
| | 13. 向其他企业购买原材料/出售原材料 | | | | | | | | | | | | | | | | |
| | 14. 开始下一批生产 | | | | | | | | | | | | | | | | |
| | 15. 更新应收账款/应收账款收现 | | | | | | | | | | | | | | | | |
| | 16. 出售厂房 | | | | | | | | | | | | | | | | |
| | 17. 向其他企业购买成品/出售成品 | | | | | | | | | | | | | | | | |
| | 18. 按订单交货 | | | | | | | | | | | | | | | | |
| | 19. 产品研发投资 | | | | | | | | | | | | | | | | |
| | 20. 支付行政管理费 | | | | | | | | | | | | | | | | |
| | 21. 其他现金收支情况登记 | | | | | | | | | | | | | | | | |
| | 22. 原材料入库合计 | | | | | | | | | | | | | | | | |
| | 23. 原材料出库合计 | | | | | | | | | | | | | | | | |
| | 24. 期末原材料对账（请填余额） | | | | | | | | | | | | | | | | |
| 年末 | 25. 支付长期贷款利息/更新长期贷款/申请长期贷款 | | | | | | | | | | | | | | | | |
| | 26. 支付设备维护费 | | | | | | | | | | | | | | | | |
| | 27. 支付租金/购买厂房 | | | | | | | | | | | | | | | | |
| | 28. 计提折旧 | | | | | | | | | | | | | | | | |
| | 29. 新市场开拓/ISO 资格认证投资 | | | | | | | | | | | | | | | | |
| | 30. 结账 | | | | | | | | | | | | | | | | |

## 第四年业务流程处理表

| 序号 | 企业经营流程<br>请按顺序执行下列各项任务 | 每执行完一项操作，采购总监（助理）在相应的方格内填写原材料的采购与使用。 | | | | | | | | | | | | | | | |
|---|---|---|---|---|---|---|---|---|---|---|---|---|---|---|---|---|---|
| 年初 | 1．新年度规划会议 | | | | | | | | | | | | | | | | |
| | 2．参加订货会/登记销售订单 | | | | | | | | | | | | | | | | |
| | 3．制订新年度计划 | | | | | | | | | | | | | | | | |
| | 4．支付应交税金 | | | | | | | | | | | | | | | | |
| 日常运营工作 | | R1 | R2 | R3 | R4 | R1 | R2 | R3 | R4 | R1 | R2 | R3 | R4 | R1 | R2 | R3 | R4 |
| | 5．季初原材料盘点（请填余额） | | | | | | | | | | | | | | | | |
| | 6．更新短期贷款/还本付息 | | | | | | | | | | | | | | | | |
| | 7．申请短期贷款（高利贷） | | | | | | | | | | | | | | | | |
| | 8．更新应付账款/归还应付账款 | | | | | | | | | | | | | | | | |
| | 9．原材料入库/更新原材料订单 | | | | | | | | | | | | | | | | |
| | 10．下原材料订单 | | | | | | | | | | | | | | | | |
| | 11．更新生产/完工入库 | | | | | | | | | | | | | | | | |
| | 12．投资新生产线/变卖生产线/生产线转产 | | | | | | | | | | | | | | | | |
| | 13．向其他企业购买原材料/出售原材料 | | | | | | | | | | | | | | | | |
| | 14．开始下一批生产 | | | | | | | | | | | | | | | | |
| | 15．更新应收账款/应收账款收现 | | | | | | | | | | | | | | | | |
| | 16．出售厂房 | | | | | | | | | | | | | | | | |
| | 17．向其他企业购买成品/出售成品 | | | | | | | | | | | | | | | | |
| | 18．按订单交货 | | | | | | | | | | | | | | | | |
| | 19．产品研发投资 | | | | | | | | | | | | | | | | |
| | 20．支付行政管理费 | | | | | | | | | | | | | | | | |
| | 21．其他现金收支情况登记 | | | | | | | | | | | | | | | | |
| | 22．原材料入库合计 | | | | | | | | | | | | | | | | |
| | 23．原材料出库合计 | | | | | | | | | | | | | | | | |
| | 24．期末原材料对账（请填余额） | | | | | | | | | | | | | | | | |
| 年末 | 25．支付长期贷款利息/更新长期贷款/申请长期贷款 | | | | | | | | | | | | | | | | |
| | 26．支付设备维护费 | | | | | | | | | | | | | | | | |
| | 27．支付租金/购买厂房 | | | | | | | | | | | | | | | | |
| | 28．计提折旧 | | | | | | | | | | | | | | | | |
| | 29．新市场开拓/ISO 资格认证投资 | | | | | | | | | | | | | | | | |
| | 30．结账 | | | | | | | | | | | | | | | | |

## 第五年业务流程处理表

| 序号 | 企业经营流程<br>请按顺序执行下列各项任务 | 每执行完一项操作，采购总监（助理）在相应的方格内填写原材料的采购与使用。 | | | | | | | | | | | | | | | |
|---|---|---|---|---|---|---|---|---|---|---|---|---|---|---|---|---|---|
| 年初 | 1．新年度规划会议 | | | | | | | | | | | | | | | | |
| | 2．参加订货会/登记销售订单 | | | | | | | | | | | | | | | | |
| | 3．制订新年度计划 | | | | | | | | | | | | | | | | |
| | 4．支付应交税金 | | | | | | | | | | | | | | | | |
| 日常运营工作 | | R1 | R2 | R3 | R4 | R1 | R2 | R3 | R4 | R1 | R2 | R3 | R4 | R1 | R2 | R3 | R4 |
| | 5．季初原材料盘点（请填余额） | | | | | | | | | | | | | | | | |
| | 6．更新短期贷款/还本付息 | | | | | | | | | | | | | | | | |
| | 7．申请短期贷款（高利贷） | | | | | | | | | | | | | | | | |
| | 8．更新应付账款/归还应付账款 | | | | | | | | | | | | | | | | |
| | 9．原材料入库/更新原材料订单 | | | | | | | | | | | | | | | | |
| | 10．下原材料订单 | | | | | | | | | | | | | | | | |
| | 11．更新生产/完工入库 | | | | | | | | | | | | | | | | |
| | 12．投资新生产线/变卖生产线/生产线转产 | | | | | | | | | | | | | | | | |
| | 13．向其他企业购买原材料/出售原材料 | | | | | | | | | | | | | | | | |
| | 14．开始下一批生产 | | | | | | | | | | | | | | | | |
| | 15．更新应收账款/应收账款收现 | | | | | | | | | | | | | | | | |
| | 16．出售厂房 | | | | | | | | | | | | | | | | |
| | 17．向其他企业购买成品/出售成品 | | | | | | | | | | | | | | | | |
| | 18．按订单交货 | | | | | | | | | | | | | | | | |
| | 19．产品研发投资 | | | | | | | | | | | | | | | | |
| | 20．支付行政管理费 | | | | | | | | | | | | | | | | |
| | 21．其他现金收支情况登记 | | | | | | | | | | | | | | | | |
| | 22．原材料入库合计 | | | | | | | | | | | | | | | | |
| | 23．原材料出库合计 | | | | | | | | | | | | | | | | |
| | 24．期末原材料对账（请填余额） | | | | | | | | | | | | | | | | |
| 年末 | 25．支付长期贷款利息/更新长期贷款/申请长期贷款 | | | | | | | | | | | | | | | | |
| | 26．支付设备维护费 | | | | | | | | | | | | | | | | |
| | 27．支付租金/购买厂房 | | | | | | | | | | | | | | | | |
| | 28．计提折旧 | | | | | | | | | | | | | | | | |
| | 29．新市场开拓/ISO 资格认证投资 | | | | | | | | | | | | | | | | |
| | 30．结账 | | | | | | | | | | | | | | | | |

## 第六年业务流程处理表

| 序号 | 企业经营流程<br>请按顺序执行下列各项任务 | 每执行完一项操作，采购总监（助理）在相应的方格内填写原材料的采购与使用。 | | | | | | | | | | | | | | | |
|---|---|---|---|---|---|---|---|---|---|---|---|---|---|---|---|---|---|
| 年初 | 1．新年度规划会议 | | | | | | | | | | | | | | | | |
| | 2．参加订货会/登记销售订单 | | | | | | | | | | | | | | | | |
| | 3．制订新年度计划 | | | | | | | | | | | | | | | | |
| | 4．支付应交税金 | | | | | | | | | | | | | | | | |
| 日常运营工作 | | R1 | R2 | R3 | R4 | R1 | R2 | R3 | R4 | R1 | R2 | R3 | R4 | R1 | R2 | R3 | R4 |
| | 5．季初原材料盘点（请填余额） | | | | | | | | | | | | | | | | |
| | 6．更新短期贷款/还本付息 | | | | | | | | | | | | | | | | |
| | 7．申请短期贷款（高利贷） | | | | | | | | | | | | | | | | |
| | 8．更新应付账款/归还应付账款 | | | | | | | | | | | | | | | | |
| | 9．原材料入库/更新原材料订单 | | | | | | | | | | | | | | | | |
| | 10．下原材料订单 | | | | | | | | | | | | | | | | |
| | 11．更新生产/完工入库 | | | | | | | | | | | | | | | | |
| | 12．投资新生产线/变卖生产线/生产线转产 | | | | | | | | | | | | | | | | |
| | 13．向其他企业购买原材料/出售原材料 | | | | | | | | | | | | | | | | |
| | 14．开始下一批生产 | | | | | | | | | | | | | | | | |
| | 15．更新应收账款/应收账款收现 | | | | | | | | | | | | | | | | |
| | 16．出售厂房 | | | | | | | | | | | | | | | | |
| | 17．向其他企业购买成品/出售成品 | | | | | | | | | | | | | | | | |
| | 18．按订单交货 | | | | | | | | | | | | | | | | |
| | 19．产品研发投资 | | | | | | | | | | | | | | | | |
| | 20．支付行政管理费 | | | | | | | | | | | | | | | | |
| | 21．其他现金收支情况登记 | | | | | | | | | | | | | | | | |
| | 22．原材料入库合计 | | | | | | | | | | | | | | | | |
| | 23．原材料出库合计 | | | | | | | | | | | | | | | | |
| | 24．期末原材料对账（请填余额） | | | | | | | | | | | | | | | | |
| 年末 | 25．支付长期贷款利息/更新长期贷款/申请长期贷款 | | | | | | | | | | | | | | | | |
| | 26．支付设备维护费 | | | | | | | | | | | | | | | | |
| | 27．支付租金/购买厂房 | | | | | | | | | | | | | | | | |
| | 28．计提折旧 | | | | | | | | | | | | | | | | |
| | 29．新市场开拓/ISO 资格认证投资 | | | | | | | | | | | | | | | | |
| | 30．结账 | | | | | | | | | | | | | | | | |

________公司采购登记表

| 第一年 | 第一季度 | | | | 第二季度 | | | | 第三季度 | | | | 第四季度 | | | |
|---|---|---|---|---|---|---|---|---|---|---|---|---|---|---|---|---|
| 原材料 | R1 | R2 | R3 | R4 | R1 | R2 | R3 | R4 | R1 | R2 | R3 | R4 | R1 | R2 | R3 | R4 |
| 订购数量 | | | | | | | | | | | | | | | | |
| 采购入库 | | | | | | | | | | | | | | | | |

________公司采购登记表

| 第二年 | 第一季度 | | | | 第二季度 | | | | 第三季度 | | | | 第四季度 | | | |
|---|---|---|---|---|---|---|---|---|---|---|---|---|---|---|---|---|
| 原材料 | R1 | R2 | R3 | R4 | R1 | R2 | R3 | R4 | R1 | R2 | R3 | R4 | R1 | R2 | R3 | R4 |
| 订购数量 | | | | | | | | | | | | | | | | |
| 采购入库 | | | | | | | | | | | | | | | | |

________公司采购登记表

| 第三年 | 第一季度 | | | | 第二季度 | | | | 第三季度 | | | | 第四季度 | | | |
|---|---|---|---|---|---|---|---|---|---|---|---|---|---|---|---|---|
| 原材料 | R1 | R2 | R3 | R4 | R1 | R2 | R3 | R4 | R1 | R2 | R3 | R4 | R1 | R2 | R3 | R4 |
| 订购数量 | | | | | | | | | | | | | | | | |
| 采购入库 | | | | | | | | | | | | | | | | |

________公司采购登记表

| 第四年 | 第一季度 | | | | 第二季度 | | | | 第三季度 | | | | 第四季度 | | | |
|---|---|---|---|---|---|---|---|---|---|---|---|---|---|---|---|---|
| 原材料 | R1 | R2 | R3 | R4 | R1 | R2 | R3 | R4 | R1 | R2 | R3 | R4 | R1 | R2 | R3 | R4 |
| 订购数量 | | | | | | | | | | | | | | | | |
| 采购入库 | | | | | | | | | | | | | | | | |

________公司采购登记表

| 第五年 | 第一季度 | | | | 第二季度 | | | | 第三季度 | | | | 第四季度 | | | |
|---|---|---|---|---|---|---|---|---|---|---|---|---|---|---|---|---|
| 原材料 | R1 | R2 | R3 | R4 | R1 | R2 | R3 | R4 | R1 | R2 | R3 | R4 | R1 | R2 | R3 | R4 |
| 订购数量 | | | | | | | | | | | | | | | | |
| 采购入库 | | | | | | | | | | | | | | | | |

________公司采购登记表

| 第六年 | 第一季度 | | | | 第二季度 | | | | 第三季度 | | | | 第四季度 | | | |
|---|---|---|---|---|---|---|---|---|---|---|---|---|---|---|---|---|
| 原材料 | R1 | R2 | R3 | R4 | R1 | R2 | R3 | R4 | R1 | R2 | R3 | R4 | R1 | R2 | R3 | R4 |
| 订购数量 | | | | | | | | | | | | | | | | |
| 采购入库 | | | | | | | | | | | | | | | | |

## ________公司组间交易登记表

**原材料交易订单**

| | | | | |
|---|---|---|---|---|
| 购买单位 | | 购买时间 | 年 | 季 |
| 销售单位 | | 完工时间 | 年 | 季 |
| | 原材料 | | | |
| 产品/原材料 | R1 | R2 | R3 | R4 |
| 成交数量 | | | | |
| 成交金额 | | | | |
| 付款方式 | | | | |
| 购买方签字 | | | | |
| 销售方签字 | | | | |
| 审核人 CEO | | | | |

注：1．本协议可以事先签订，但必须交双方监督员审核签字后生效

2．如果没有双方监督人签字，视为无效交易

3．无效交易按交易额扣除双方利润

**原材料交易订单**

| | | | | |
|---|---|---|---|---|
| 购买单位 | | 购买时间 | 年 | 季 |
| 销售单位 | | 完工时间 | 年 | 季 |
| | 原材料 | | | |
| 产品/原材料 | R1 | R2 | R3 | R4 |
| 成交数量 | | | | |
| 成交金额 | | | | |
| 付款方式 | | | | |
| 购买方签字 | | | | |
| 销售方签字 | | | | |
| 审核人 CEO | | | | |

注：1．本协议可以事先签订，但必须交双方监督员审核签字后生效

2．如果没有双方监督人签字，视为无效交易

3．无效交易按交易额扣除双方利润

| 原材料交易订单 | | | | |
|---|---|---|---|---|
| 购买单位 | | 购买时间 | 年 | 季 |
| 销售单位 | | 完工时间 | 年 | 季 |
| | 原材料 | | | |
| 产品/原材料 | R1 | R2 | R3 | R4 |
| 成交数量 | | | | |
| 成交金额 | | | | |
| 付款方式 | | | | |
| 购买方签字 | | | | |
| 销售方签字 | | | | |
| 审核人 CEO | | | | |
| 注：1．本协议可以事先签订，但必须交双方监督员审核签字后生效 | | | | |
| 2．如果没有双方监督人签字，视为无效交易 | | | | |
| 3．无效交易按交易额扣除双方利润 | | | | |

| 原材料交易订单 | | | | |
|---|---|---|---|---|
| 购买单位 | | 购买时间 | 年 | 季 |
| 销售单位 | | 完工时间 | 年 | 季 |
| | 原材料 | | | |
| 产品/原材料 | R1 | R2 | R3 | R4 |
| 成交数量 | | | | |
| 成交金额 | | | | |
| 付款方式 | | | | |
| 购买方签字 | | | | |
| 销售方签字 | | | | |
| 审核人 CEO | | | | |
| 注：1．本协议可以事先签订，但必须交双方监督员审核签字后生效 | | | | |
| 2．如果没有双方监督人签字，视为无效交易 | | | | |
| 3．无效交易按交易额扣除双方利润 | | | | |

| 原材料交易订单 | | | | |
|---|---|---|---|---|
| 购买单位 | | 购买时间 | 年 | 季 |
| 销售单位 | | 完工时间 | 年 | 季 |
| | 原材料 | | | |
| 产品/原材料 | R1 | R2 | R3 | R4 |
| 成交数量 | | | | |
| 成交金额 | | | | |
| 付款方式 | | | | |
| 购买方签字 | | | | |
| 销售方签字 | | | | |
| 审核人 CEO | | | | |

注：1．本协议可以事先签订，但必须交双方监督员审核签字后生效

2．如果没有双方监督人签字，视为无效交易

3．无效交易按交易额扣除双方利润

| 原材料交易订单 | | | | |
|---|---|---|---|---|
| 购买单位 | | 购买时间 | 年 | 季 |
| 销售单位 | | 完工时间 | 年 | 季 |
| | 原材料 | | | |
| 产品/原材料 | R1 | R2 | R3 | R4 |
| 成交数量 | | | | |
| 成交金额 | | | | |
| 付款方式 | | | | |
| 购买方签字 | | | | |
| 销售方签字 | | | | |
| 审核人 CEO | | | | |

注：1．本协议可以事先签订，但必须交双方监督员审核签字后生效

2．如果没有双方监督人签字，视为无效交易

3．无效交易按交易额扣除双方利润

生产计划及采购计划编制举例

| 生产线 | | 练习年 | | | | 第一年 | | | | 第二年 | | | |
|---|---|---|---|---|---|---|---|---|---|---|---|---|---|
| | | 1 | 2 | 3 | 4 | 1 | 2 | 3 | 4 | 1 | 2 | 3 | 4 |
| 1 手工线 | 产品 | | | P1 | | | P1 | | | | | | |
| | 材料 | | R1 | | | | | | | | | | |
| 2 手工线 | 产品 | | P1 | | | P1 | | | | | | | |
| | 材料 | R1 | | | R1 | | | | | | | | |
| 3 手工线 | 产品 | P1 | | | P1 | | | | | | | | |
| | 材料 | | | | | | | | | | | | |
| 4 半自动 | 产品 | | P1 | | P1 | | | | | | | | |
| | 材料 | R1 | | | | | | | | | | | |
| 5 全自动 | 产品 | P2 | P2 | P2 | | | | | | | P2 | P2 | P2 |
| | 材料 | R1 R2 | | | | | | | | R1 R2 | R1 R2 | | |
| 6 …… | 产品 | | | | | | | | | | | | |
| | 材料 | | | | | | | | | | | | |
| 7 …… | 产品 | | | | | | | | | | | | |
| | 材料 | | | | | | | | | | | | |
| 合计 | 完工产品 | 1P1 | 2P1P2 | 1P1P2 | 2P1 | | | | | | | P2 | P2 |
| | 材料 | 3R2R1 | 1R1 | | R1 | | | | | R1 R2 | R1 R2 | | |

说明："产品"行代表产品何时能够下线或者上线（向下的指示线表示产品下线；向上的指示线表示产品上线）；"……"代表停产。

生产计划及采购计划编制

| 生产线 | | 第一年 | | | | 第二年 | | | | 第三年 | | | | 第四年 | | | | 第五年 | | | | 第六年 | | | |
|---|---|---|---|---|---|---|---|---|---|---|---|---|---|---|---|---|---|---|---|---|---|---|---|---|---|
| | | 1 | 2 | 3 | 4 | 1 | 2 | 3 | 4 | 1 | 2 | 3 | 4 | 1 | 2 | 3 | 4 | 1 | 2 | 3 | 4 | 1 | 2 | 3 | 4 |
| 1<br>手工线 | 产品 | | | | | | | | | | | | | | | | | | | | | | | | |
| | 材料 | | | | | | | | | | | | | | | | | | | | | | | | |
| 2<br>手工线 | 产品 | | | | | | | | | | | | | | | | | | | | | | | | |
| | 材料 | | | | | | | | | | | | | | | | | | | | | | | | |
| 3<br>手工线 | 产品 | | | | | | | | | | | | | | | | | | | | | | | | |
| | 材料 | | | | | | | | | | | | | | | | | | | | | | | | |
| 4<br>半自动 | 产品 | | | | | | | | | | | | | | | | | | | | | | | | |
| | 材料 | | | | | | | | | | | | | | | | | | | | | | | | |
| 5<br>…… | 产品 | | | | | | | | | | | | | | | | | | | | | | | | |
| | 材料 | | | | | | | | | | | | | | | | | | | | | | | | |
| 6<br>…… | 产品 | | | | | | | | | | | | | | | | | | | | | | | | |
| | 材料 | | | | | | | | | | | | | | | | | | | | | | | | |
| 7<br>…… | 产品 | | | | | | | | | | | | | | | | | | | | | | | | |
| | 材料 | | | | | | | | | | | | | | | | | | | | | | | | |
| 合计 | 完工产品 | | | | | | | | | | | | | | | | | | | | | | | | |
| | 材料 | | | | | | | | | | | | | | | | | | | | | | | | |

# 附录 G 实战业务运营流程处理表（______公司情报员）

______公司生产线登记表（1组）

| 生产线 | | 第一年 | | | | 第二年 | | | | 第三年 | | | | 第四年 | | | | 第五年 | | | | 第六年 | | | |
|---|---|---|---|---|---|---|---|---|---|---|---|---|---|---|---|---|---|---|---|---|---|---|---|---|---|
| | | 1 | 2 | 3 | 4 | 1 | 2 | 3 | 4 | 1 | 2 | 3 | 4 | 1 | 2 | 3 | 4 | 1 | 2 | 3 | 4 | 1 | 2 | 3 | 4 |
| 1 | 产品 | | | | | | | | | | | | | | | | | | | | | | | | |
| 2 | 产品 | | | | | | | | | | | | | | | | | | | | | | | | |
| 3 | 产品 | | | | | | | | | | | | | | | | | | | | | | | | |
| 4 | 产品 | | | | | | | | | | | | | | | | | | | | | | | | |
| 5 | 产品 | | | | | | | | | | | | | | | | | | | | | | | | |
| 6 | 产品 | | | | | | | | | | | | | | | | | | | | | | | | |
| 7 | 产品 | | | | | | | | | | | | | | | | | | | | | | | | |
| 8 | 产品 | | | | | | | | | | | | | | | | | | | | | | | | |
| 9 | 产品 | | | | | | | | | | | | | | | | | | | | | | | | |
| 10 | 产品 | | | | | | | | | | | | | | | | | | | | | | | | |
| 合计 | P1 | | | | | | | | | | | | | | | | | | | | | | | | |
| | P2 | | | | | | | | | | | | | | | | | | | | | | | | |
| | P3 | | | | | | | | | | | | | | | | | | | | | | | | |
| | P4 | | | | | | | | | | | | | | | | | | | | | | | | |

______公司生产线登记表（2 组）

| 生产线 | | 第一年 | | | | 第二年 | | | | 第三年 | | | | 第四年 | | | | 第五年 | | | | 第六年 | | | |
|---|---|---|---|---|---|---|---|---|---|---|---|---|---|---|---|---|---|---|---|---|---|---|---|---|---|
| | | 1 | 2 | 3 | 4 | 1 | 2 | 3 | 4 | 1 | 2 | 3 | 4 | 1 | 2 | 3 | 4 | 1 | 2 | 3 | 4 | 1 | 2 | 3 | 4 |
| 1 | 产品 | | | | | | | | | | | | | | | | | | | | | | | | |
| 2 | 产品 | | | | | | | | | | | | | | | | | | | | | | | | |
| 3 | 产品 | | | | | | | | | | | | | | | | | | | | | | | | |
| 4 | 产品 | | | | | | | | | | | | | | | | | | | | | | | | |
| 5 | 产品 | | | | | | | | | | | | | | | | | | | | | | | | |
| 6 | 产品 | | | | | | | | | | | | | | | | | | | | | | | | |
| 7 | 产品 | | | | | | | | | | | | | | | | | | | | | | | | |
| 8 | 产品 | | | | | | | | | | | | | | | | | | | | | | | | |
| 9 | 产品 | | | | | | | | | | | | | | | | | | | | | | | | |
| 10 | 产品 | | | | | | | | | | | | | | | | | | | | | | | | |
| 合计 | P1 | | | | | | | | | | | | | | | | | | | | | | | | |
| | P2 | | | | | | | | | | | | | | | | | | | | | | | | |
| | P3 | | | | | | | | | | | | | | | | | | | | | | | | |
| | P4 | | | | | | | | | | | | | | | | | | | | | | | | |

______公司生产线登记表（3组）

| 生产线 | | 第一年 | | | | 第二年 | | | | 第三年 | | | | 第四年 | | | | 第五年 | | | | 第六年 | | | |
|---|---|---|---|---|---|---|---|---|---|---|---|---|---|---|---|---|---|---|---|---|---|---|---|---|---|
| | | 1 | 2 | 3 | 4 | 1 | 2 | 3 | 4 | 1 | 2 | 3 | 4 | 1 | 2 | 3 | 4 | 1 | 2 | 3 | 4 | 1 | 2 | 3 | 4 |
| 1 | 产品 | | | | | | | | | | | | | | | | | | | | | | | | |
| 2 | 产品 | | | | | | | | | | | | | | | | | | | | | | | | |
| 3 | 产品 | | | | | | | | | | | | | | | | | | | | | | | | |
| 4 | 产品 | | | | | | | | | | | | | | | | | | | | | | | | |
| 5 | 产品 | | | | | | | | | | | | | | | | | | | | | | | | |
| 6 | 产品 | | | | | | | | | | | | | | | | | | | | | | | | |
| 7 | 产品 | | | | | | | | | | | | | | | | | | | | | | | | |
| 8 | 产品 | | | | | | | | | | | | | | | | | | | | | | | | |
| 9 | 产品 | | | | | | | | | | | | | | | | | | | | | | | | |
| 10 | 产品 | | | | | | | | | | | | | | | | | | | | | | | | |
| 合计 | P1 | | | | | | | | | | | | | | | | | | | | | | | | |
| | P2 | | | | | | | | | | | | | | | | | | | | | | | | |
| | P3 | | | | | | | | | | | | | | | | | | | | | | | | |
| | P4 | | | | | | | | | | | | | | | | | | | | | | | | |

______公司生产线登记表（4组）

| 生产线 | | 第一年 | | | | 第二年 | | | | 第三年 | | | | 第四年 | | | | 第五年 | | | | 第六年 | | | |
|---|---|---|---|---|---|---|---|---|---|---|---|---|---|---|---|---|---|---|---|---|---|---|---|---|---|
| | | 1 | 2 | 3 | 4 | 1 | 2 | 3 | 4 | 1 | 2 | 3 | 4 | 1 | 2 | 3 | 4 | 1 | 2 | 3 | 4 | 1 | 2 | 3 | 4 |
| 1 | 产品 | | | | | | | | | | | | | | | | | | | | | | | | |
| 2 | 产品 | | | | | | | | | | | | | | | | | | | | | | | | |
| 3 | 产品 | | | | | | | | | | | | | | | | | | | | | | | | |
| 4 | 产品 | | | | | | | | | | | | | | | | | | | | | | | | |
| 5 | 产品 | | | | | | | | | | | | | | | | | | | | | | | | |
| 6 | 产品 | | | | | | | | | | | | | | | | | | | | | | | | |
| 7 | 产品 | | | | | | | | | | | | | | | | | | | | | | | | |
| 8 | 产品 | | | | | | | | | | | | | | | | | | | | | | | | |
| 9 | 产品 | | | | | | | | | | | | | | | | | | | | | | | | |
| 10 | 产品 | | | | | | | | | | | | | | | | | | | | | | | | |
| 合计 | P1 | | | | | | | | | | | | | | | | | | | | | | | | |
| | P2 | | | | | | | | | | | | | | | | | | | | | | | | |
| | P3 | | | | | | | | | | | | | | | | | | | | | | | | |
| | P4 | | | | | | | | | | | | | | | | | | | | | | | | |

______公司生产线登记表（5组）

| 生产线 | | 第一年 | | | | 第二年 | | | | 第三年 | | | | 第四年 | | | | 第五年 | | | | 第六年 | | | |
|---|---|---|---|---|---|---|---|---|---|---|---|---|---|---|---|---|---|---|---|---|---|---|---|---|---|
| | | 1 | 2 | 3 | 4 | 1 | 2 | 3 | 4 | 1 | 2 | 3 | 4 | 1 | 2 | 3 | 4 | 1 | 2 | 3 | 4 | 1 | 2 | 3 | 4 |
| 1 | 产品 | | | | | | | | | | | | | | | | | | | | | | | | |
| 2 | 产品 | | | | | | | | | | | | | | | | | | | | | | | | |
| 3 | 产品 | | | | | | | | | | | | | | | | | | | | | | | | |
| 4 | 产品 | | | | | | | | | | | | | | | | | | | | | | | | |
| 5 | 产品 | | | | | | | | | | | | | | | | | | | | | | | | |
| 6 | 产品 | | | | | | | | | | | | | | | | | | | | | | | | |
| 7 | 产品 | | | | | | | | | | | | | | | | | | | | | | | | |
| 8 | 产品 | | | | | | | | | | | | | | | | | | | | | | | | |
| 9 | 产品 | | | | | | | | | | | | | | | | | | | | | | | | |
| 10 | 产品 | | | | | | | | | | | | | | | | | | | | | | | | |
| 合计 | P1 | | | | | | | | | | | | | | | | | | | | | | | | |
| | P2 | | | | | | | | | | | | | | | | | | | | | | | | |
| | P3 | | | | | | | | | | | | | | | | | | | | | | | | |
| | P4 | | | | | | | | | | | | | | | | | | | | | | | | |

______公司生产线登记表（6组）

| 生产线 | | 第一年 | | | | 第二年 | | | | 第三年 | | | | 第四年 | | | | 第五年 | | | | 第六年 | | | |
|---|---|---|---|---|---|---|---|---|---|---|---|---|---|---|---|---|---|---|---|---|---|---|---|---|---|
| | | 1 | 2 | 3 | 4 | 1 | 2 | 3 | 4 | 1 | 2 | 3 | 4 | 1 | 2 | 3 | 4 | 1 | 2 | 3 | 4 | 1 | 2 | 3 | 4 |
| 1 | 产品 | | | | | | | | | | | | | | | | | | | | | | | | |
| 2 | 产品 | | | | | | | | | | | | | | | | | | | | | | | | |
| 3 | 产品 | | | | | | | | | | | | | | | | | | | | | | | | |
| 4 | 产品 | | | | | | | | | | | | | | | | | | | | | | | | |
| 5 | 产品 | | | | | | | | | | | | | | | | | | | | | | | | |
| 6 | 产品 | | | | | | | | | | | | | | | | | | | | | | | | |
| 7 | 产品 | | | | | | | | | | | | | | | | | | | | | | | | |
| 8 | 产品 | | | | | | | | | | | | | | | | | | | | | | | | |
| 9 | 产品 | | | | | | | | | | | | | | | | | | | | | | | | |
| 10 | 产品 | | | | | | | | | | | | | | | | | | | | | | | | |
| 合计 | P1 | | | | | | | | | | | | | | | | | | | | | | | | |
| | P2 | | | | | | | | | | | | | | | | | | | | | | | | |
| | P3 | | | | | | | | | | | | | | | | | | | | | | | | |
| | P4 | | | | | | | | | | | | | | | | | | | | | | | | |

______公司产品研发登记表（1 组）

| 产品生产资格 | P2 | P3 | P4 |
|---|---|---|---|
| 开始研发时间登记 | | | |
| 完成研发时间登记 | | | |

______公司市场开拓登记表（1 组）

| 市场开拓 | 区域市场（1y） | 国内市场（2y） | 亚洲市场（3y） | 国际市场（4y） |
|---|---|---|---|---|
| 第一年 | | | | |
| 第二年 | | | | |
| 第三年 | | | | |
| 第四年 | | | | |
| 第五年 | | | | |
| 第六年 | | | | |

______公司产品研发登记表（2 组）

| 产品生产资格 | P2 | P3 | P4 |
|---|---|---|---|
| 开始研发时间登记 | | | |
| 完成研发时间登记 | | | |

______公司市场开拓登记表（2 组）

| 市场开拓 | 区域市场（1y） | 国内市场（2y） | 亚洲市场（3y） | 国际市场（4y） |
|---|---|---|---|---|
| 第一年 | | | | |
| 第二年 | | | | |
| 第三年 | | | | |
| 第四年 | | | | |
| 第五年 | | | | |
| 第六年 | | | | |

______公司产品研发登记表（3 组）

| 产品生产资格 | P2 | P3 | P4 |
|---|---|---|---|
| 开始研发时间登记 | | | |
| 完成研发时间登记 | | | |

______公司市场开拓登记表（3 组）

| 市场开拓 | 区域市场（1y） | 国内市场（2y） | 亚洲市场（3y） | 国际市场（4y） |
|---|---|---|---|---|
| 第一年 | | | | |
| 第二年 | | | | |
| 第三年 | | | | |
| 第四年 | | | | |
| 第五年 | | | | |
| 第六年 | | | | |

______公司产品研发登记表（4 组）

| 产品生产资格 | P2 | P3 | P4 |
|---|---|---|---|
| 开始研发时间登记 | | | |
| 完成研发时间登记 | | | |

______公司市场开拓登记表（4 组）

| 市场开拓 | 区域市场（1y） | 国内市场（2y） | 亚洲市场（3y） | 国际市场（4y） |
|---|---|---|---|---|
| 第一年 | | | | |
| 第二年 | | | | |
| 第三年 | | | | |
| 第四年 | | | | |
| 第五年 | | | | |
| 第六年 | | | | |

______公司产品研发登记表（5 组）

| 产品生产资格 | P2 | P3 | P4 |
|---|---|---|---|
| 开始研发时间登记 | | | |
| 完成研发时间登记 | | | |

______公司市场开拓登记表（5 组）

| 市场开拓 | 区域市场（1y） | 国内市场（2y） | 亚洲市场（3y） | 国际市场（4y） |
|---|---|---|---|---|
| 第一年 | | | | |
| 第二年 | | | | |
| 第三年 | | | | |
| 第四年 | | | | |
| 第五年 | | | | |
| 第六年 | | | | |

______公司产品研发登记表（6 组）

| 产品生产资格 | P2 | P3 | P4 |
|---|---|---|---|
| 开始研发时间登记 | | | |
| 完成研发时间登记 | | | |

______公司市场开拓登记表（6 组）

| 市场开拓 | 区域市场（1y） | 国内市场（2y） | 亚洲市场（3y） | 国际市场（4y） |
|---|---|---|---|---|
| 第一年 | | | | |
| 第二年 | | | | |
| 第三年 | | | | |
| 第四年 | | | | |
| 第五年 | | | | |
| 第六年 | | | | |

各公司市场地位登记表

| 时间 | 本地市场 | | | | | | 区域市场 | | | | | | 国内市场 | | | | | | 亚洲市场 | | | | | | 国际市场 | | | | | |
|---|---|---|---|---|---|---|---|---|---|---|---|---|---|---|---|---|---|---|---|---|---|---|---|---|---|---|---|---|---|---|
| 第一年 | | | | | | | | | | | | | | | | | | | | | | | | | | | | | | |
| 第二年 | | | | | | | | | | | | | | | | | | | | | | | | | | | | | | |
| 第三年 | | | | | | | | | | | | | | | | | | | | | | | | | | | | | | |
| 第四年 | | | | | | | | | | | | | | | | | | | | | | | | | | | | | | |
| 第五年 | | | | | | | | | | | | | | | | | | | | | | | | | | | | | | |
| 第六年 | | | | | | | | | | | | | | | | | | | | | | | | | | | | | | |

# 附录 H　市场需求预测表

这是由一家权威的市场调研机构对未来六年里各个市场的需求的预测，应该说这一预测有着很高的可信度。但根据这一预测进行企业的经营运作，其后果将由各企业自行承担。

P1 产品是目前市场上的主流技术，P2 作为对 P1 的技术改良产品，也比较容易获得大众的认同。

P3 和 P4 产品作为 P 系列产品里的高端技术，各个市场上对它们的认同度不尽相同，需求量与价格也会有较大的差异。

1．本地市场

本地市场 P 系列产品需求量及价格预测如图 H.1 所示。

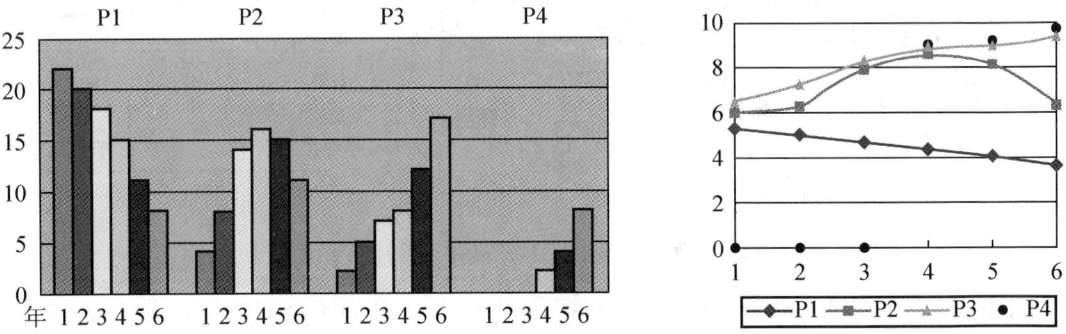


（a）需求量预测　　（b）价格预测

**图 H.1　本地市场 P 系列产品需求量及价格预测**

本地市场将会持续发展，客户对低端产品的需求可能要下滑。伴随着需求的减少，低端产品的价格很有可能会逐步走低。后几年，随着高端产品的成熟，市场对 P3、P4 产品的需求将会逐渐增大。同时随着时间的推移，客户的质量意识将不断提高，后几年可能会对厂商是否通过了 ISO 9000 认证和 ISO 14000 认证有更多的要求。

2．区域市场

区域市场 P 系列产品需求量及价格预测如图 H.2 所示。

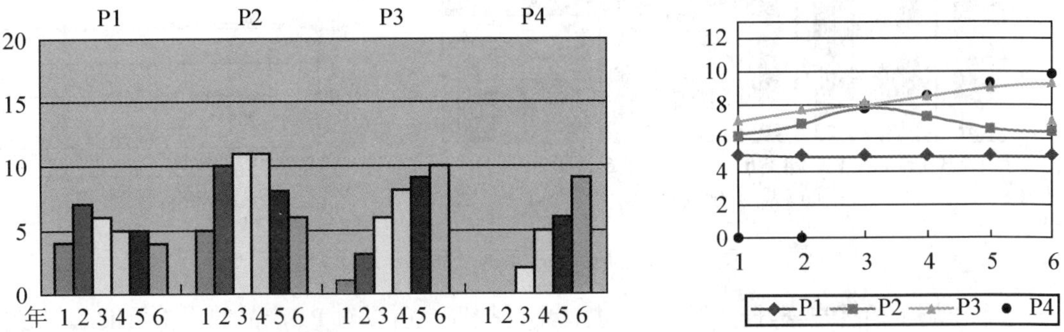


（a）需求量预测　　（b）价格预测

**图 H.2　区域市场 P 系列产品需求量及价格预测**

区域市场的客户对 P 系列产品的喜好相对稳定，因此市场需求量的波动也很有可能会比较平稳。因其紧邻本地市场，所以产品需求量的走势可能与本地市场相似，价格趋势也应大致一样。该市场的客户比较乐于接受新的事物，因此对于高端产品也会比较有兴趣，但由于受到地域的限制，该市场的需求总量非常有限。并且这个市场上的客户相对比较挑剔，因此在后几年客户会对厂商是否通过了 ISO 9000 认证和 ISO 14000 认证有较高的要求。

3. 国内市场

国内市场 P 系列产品需求量及价格预测如图 H.3 所示。

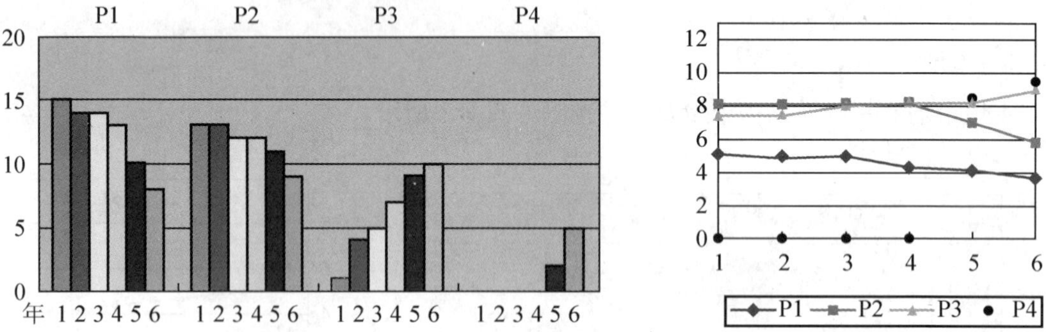


（a）需求量预测　　（b）价格预测

**图 H.3　国内市场 P 系列产品需求量及价格预测**

因 P1 产品带有较浓的地域色彩，估计国内市场对 P1 产品不会有持久的需求。但 P2 产品因为更适合于国内市场，所以估计需求会一直比较平衡。随着对 P 系列产品新技术的逐渐认同，估计对 P3 产品的需求会发展较快，但这个市场上的客户对 P4 产品却并不是那么认同。当然，对于高端产品来说，客户一定会更注重产品的质量保证。

4. 亚洲市场

亚洲市场 P 系列产品需求量及价格预测如图 H.4 所示。

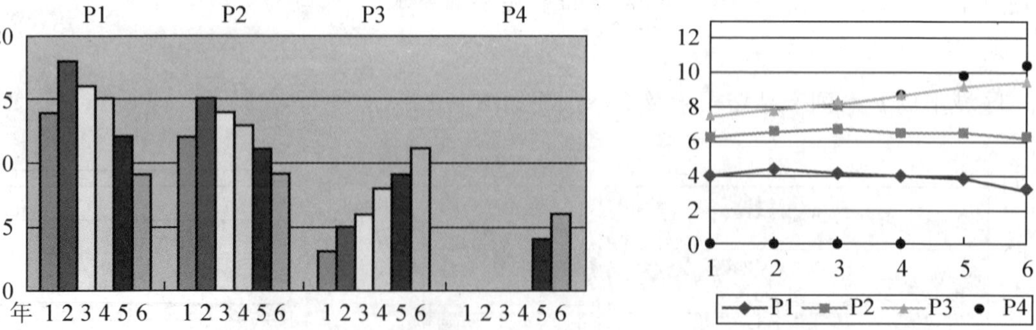


（a）需求量预测　　（b）价格预测

**图 H.4　亚洲市场 P 系列产品需求量预测**

这个市场上的客户喜好一向波动较大，不易把握，所以对 P1 产品的需求可能起伏较大，估计 P2 产品的需求走势也会与 P1 产品相似。但该市场对新产品很敏感，因此估计对 P3、P4 产品的需求会发展较快，价格也可能不菲。另外，这个市场的消费者很看重产品的质量，所以在后几年里，如果厂商没有通过 ISO 9000 和 ISO 14000 的认证，其产品可能很难销售。

5．国际市场

国际市场 P 系列产品需求量及价格预测如图 H.5 所示。

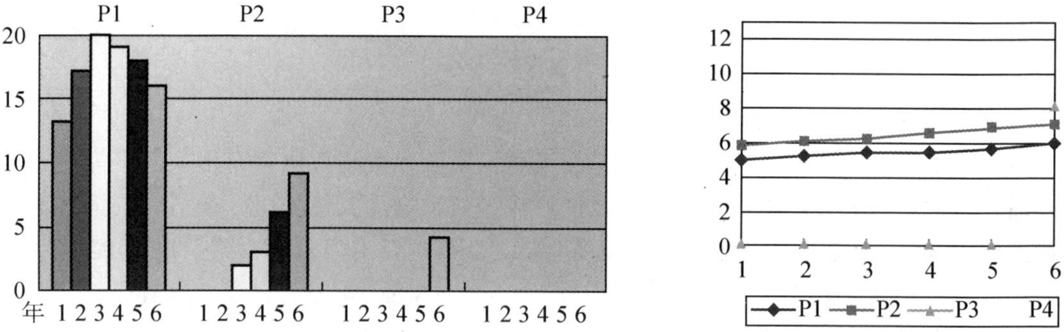


（a）需求量预测　　（b）价格预测

**图 H.5　国际市场 P 系列产品需求量及价格预测**

进入国际市场可能需要一个较长的时期。有迹象表明，目前这一市场上的客户对 P1 产品已经有所认同，需求也会比较旺盛。对于 P2 产品，客户将会谨慎地接受，但仍需要一段时间才能被市场所接受。对于新兴的技术，这一市场上的客户将会以观望为主，因此对于 P3 和 P4 产品的需求将会发展极慢。因为产品需求主要集中在低端，所以客户对于 ISO 的要求并不如其他几个市场那么高，但也不排除在后期会有这方面的需求。

## 附录 I　典型策略参考

俗话说："凡事预则立，不预则废"，同样，在 ERP 沙盘模拟经营前，也要有一套策略成型于心，方能使团队临危不乱，镇定自若，赢得最终的比赛。下面介绍三种典型的整体策略和三个实例供读者开启思路。但是切记：实训中，由于市场环境和竞争对手的变化，没有哪一种策略能够保证团队一定能够赢得比赛，而是要根据市场、企业实力、竞争对手等综合情况理性分析和运营。以下几种策略仅供参考，读者切勿照搬。

1．典型策略

1）力压群雄——霸王策略

（1）策略介绍。霸王策略要求在一开始即大举贷款，将所筹到的大量资金用于扩大产能，保证产能第一，以高广告投入策略夺取本地市场老大，并随着产品开发的节奏实现由 P1 产品向 P2、P3 等主流产品过渡。在竞争中，始终保持主流产品和综合销售额第一。后期用高广告投入策略争取主导产品最高价市场老大地位，使权益最高，令对手望尘莫及，赢得比赛。

（2）运作要点。一是有效的资本运作，即有效使用长短期融资手段使自己有充足的资金用于扩大产能和支付高额的广告费用，并能抵御强大的还款压力，使资金运转正常，所以，此策略对财务总监要求很高；二是精确地预测产能和生产成本，有效地预估市场产品需求和订单结构。如何安排产能扩大的节奏、如何实现零库存、如何进行产品组合与市场开发等都将决定着最终的成败。

（3）评述。采取霸王策略的团队需要有相当的魄力，谨小慎微者不宜采用。此策略的隐患在于，如果资金或广告在某一环节出现失误，则会使自己陷入十分艰难的处境。过大的还款压力和贷款费用可能将自己逼上破产的境地。所以，此策略的风险很高，属于高投入、高产出的类型，但高投入并不一定会高产出。

2）忍辱负重——越王策略

（1）策略介绍。越王策略也可称为迂回策略。采取此策略者通常有很大的产能潜力，但由于前期广告运作失误，导致订单过少、销售额过低、产品大量积压、效益大幅下降而处于劣势地位。所以，在第二、第三年只能维持生计，延缓产品开发计划，或只进行 P2 产品的开发，积攒力量，度过危险期。在第四年时，突然推出 P3 或 P4 产品，配以精确广告策略，出其不意地攻占对手的薄弱市场。在对手忙于应对时，把 P3 或 P4 产品的最高价市场把持在手，并抓住不放，不给对手机会，最终赢得胜利。

（2）运作要点。此策略制胜的关键在于后期广告运作和现金测算上。因为要采取精确广告策略，所以一定要仔细分析对手的情况，找到他们在市场中的薄弱环节，以最小的代价夺得市场，减少成本。其次是现金预测，因为要出“奇兵”（P3 或 P4 产品），但这些产品对现金要求很高，所以现金预测必须准确。如果到时现金断流，完不成订单，则将前功尽弃。

（3）评述。越王策略不是一种主动的策略，多半是在不利的情况下采取的，所以团队成员要有很强的忍耐力与决断力，不为眼前一时的困境所压倒，并学会“好钢用在刀刃上”，节约开支，降低成本，先图生存，再图胜出。

3）见风使舵——渔翁策略

（1）策略介绍。渔翁策略是典型的跟随策略。当市场上有两家实力相当的企业争夺第一时，渔翁策略就派上用场了。在产能上要努力跟随前两者的开发节奏，同时在内部努力降低成本，在每次开辟新市场时均采用低广告策略，规避风险，稳健经营，在其两败俱伤时立即占领市场。

（2）运作要点。第一，在于一个“稳”字，即经营过程中一切按部就班，广告投入、产能扩大都是循序渐进、逐步实现的，真正做到稳扎稳打；第二，要利用好时机，因为时机是稍纵即逝的，所以对对手一定要仔细分析。

（3）评述。渔翁策略在比赛中是常见的，但要成功就一定要做好充分准备，只有这样，才能在机会来临时一下抓住，从而使对手无法超越。

2．案例介绍

1）产能领先制胜法

若想产能领先别人，则要扩大生产能力，投资新的生产线。为缩短生产周期就要变卖原有的手工生产线，转而投资全自动或柔性生产线。

B 公司在第一年将三条手工生产线上的 P1 产品完工入库后将三条手工生产线陆续变卖，在大厂房内投资建设了四条全自动生产线，而其他各组则在第一年的生产线投资上显得有些保守。因此，B 公司在第二年便建立了产能优势，并利用产能抢市场，投少的广告费接别人因产能不足不敢接的大单，再建新生产线。如此形成了良性循环。第三年在大厂房又建立一条全自动生产线，并在租下的小厂房内投建了四条全自动生产线。到第四年，形成了一条半自动和九条全自动生产线的产能格局。最终，依靠产能优势取得了胜利。

2）保权益胜出法

E 公司在前两年默默无闻，只投了少量的广告费用以销售必要的 P1 产品，没有发展的迹象，但维持了很高的权益。就在人们感叹其发展前景时，E 公司却在第三年，当别的公司出现权益严重下降，融资困难、陷入发展瓶颈时，利用自己的权益优势获得了大量的短期融资，开发了 P2、P3、P4 产品，变卖了原有的生产线并投资建成了六条全自动生产线。第四年，在别的企业步履艰难时，一举收复失地。第五年更是锦上添花，利用产品组合优势，扩大产能，直至第六年胜出。

3）柔性调节胜出法

柔性生产线由于其投资费用、折旧费用高而不被行家所看好。但 D 公司一上来就斥巨资投建了四条柔性生产线，并把这四条柔性生产线打造成自己的核心竞争力。灵活调节生产、灵活投放广告和灵活接单使自己在各方面有了更多的余地，既迷惑了对手也节省了广告费，即用非常少的广告费接到了非常合适的订单，因为有些大单对手担心生产不出来，不敢接。最终 D 公司赢得了比赛。但此法对生产组织要求较高，极易出现原材料短缺或积压情况。

条条大路通罗马，我们要用开阔的视野审视战略，用创新的头脑制定战略，用严谨的态度执行战略。最后自然水到渠成。

## 附录 J　参加“用友杯”全国大学生创业设计暨沙盘模拟经营大赛心得分享

### 疯狂的沙迷

宁夏财经职业技术学院 杨梦荷 马海平 王玲 刘瑞 王娜

“不想当将军的士兵，不是好士兵”。而对于每个希望从事企业工作的人来讲，成为企业的管理者是所有基层工作者不懈追求的目标。而用友公司便为我们提供了这样一个平台，让我着实过了把“管理瘾”。

战场上的火线历练固然可以培养攻无不克的将军，大范围的岗位轮换也是培养经营管理人才的有效方法，但这些方法同样会使组织付出高昂的培养成本，承受极大的失败风险。由此可见，培养一个企业的管理者是多么的困难！

但是在沙盘模拟训练中，可以适当的试错，不断地推演和寻找适合本企业的战略、产品及市场组合，有多少决策和执行的失误，都不会给企业造成任何实际的经济损失。但是模拟经营中那些痛苦的教训和失败的经历却能令我们在特定的竞争环境下，得到与实战相同的深切而具体的体会。沙盘给予了我们这样一个平台去实施自己的战略。在沙盘中，我们可以尝试很多的战略又不怕有什么损失，我们一遍又一遍地尝试，一遍一遍地体会，有成功的也有失败的！这样就为我们在以后的发展中提供很大的帮助！

通过沙盘的深入学习，也为我带来了一番全新的感受。

1. 走进桃花源

一直以来，企业在我的脑海中是一个比较模糊、比较遥远的概念。因而对于企业中具体的部门如销售、财务、生产等所从事的具体工作一直不是很清楚，而通过用友杯 ERP 沙盘，不仅帮我了解了不同部门的不同职责，同时让我参与进来，切身地体验到了作为管理者的艰辛。

沙盘让我接触到一个全新的领域，一个全新的学习方式，玩中学，学中玩。每天的时间过得很快。记得刚接触 ERP 沙盘时，对于一个整日只接触理论知识，严重缺乏动手能力的我来讲，顿感无措。而给我印象最为深刻的便是在做财务报表时层出不穷的错误，这让主修会计的我汗颜。同时也使我发现了单靠理论在实战中是站不住脚的，只有理论与实践相结合，才能轻松应对所有的问题。通过 ERP 沙盘模拟，使我们能够把书本学到的知识与实际操作相结合，既锻炼了我们的实际动手能力，又能让我们把本上的知识掌握得更透彻。对 ERP 有更具体的理解，在这次 ERP 沙盘模拟实训中，我觉得很开心，而且受益匪浅。

于是我下定决心努力学习探索，想征服这个小小的沙盘！

2. 小试牛刀

慢慢地，我学会了做财务报表，而且速度也比较快。当我为此而自满时，老师的一句话点醒了我，作为一个合格的企业管理者，必须具备全面的知识和能力。虽然每个人的能力在不同的平台会有不同的表现，但要想领导一个企业的发展，你所拥有的必须是能够指挥千军万马的能力，而对于一个只初涉便引以为傲的人来讲，有点让人耻笑。于是我便开始寻找下一个学习的目标。

3. 顿生困惑

我除了做好财务总监的工作之外，开始学习生产主管的工作内容。生产主管是 ERP 沙盘中重量级的角色，因为它在企业的运营发展中，起着关键性的作用。每一次的下错原料，转错生产线，估错产能，都会给企业带来毁灭性的灾难。虽然难度系数极高，但对于我来讲，却是很难得的一次挑战。

在最初的两年，由于生产线较少，产能较小，在运算方面都不会存在什么问题，然而随着生产线的增多，产品市场竞争的激烈，作为一个优秀的生产主管，不仅在下料单、安排生产、计算产能这些基本的方面不能出错，而且在面对如火如荼的竞争时，不断地改变自己的生产方案，使其能够顺应市场的变化，在竞争中立于不败而且盈利的地位。故而在每次的实战训练中，我便不断地提高自己的能力，在不可预测性较强时，我便预先做好几种生产方案，并做好随时修改的准备。

4. 柳暗花明

俗话说：台上十分钟，台下十年功。没有寒彻苦读，哪有硕硕累果。金字塔的顶部只有两种人，一种是高起点的人，他们有着丰厚的实力与资金，或者他们有着强大的势力，他们的起点很高，不再为了资金或者寻找道路浪费时间，他们只需要按照既定的道路走就行了。还有一种就是如同我们这样辛勤劳苦在一线的人们，没有雄厚的资金实力，我们有的只是默默的付出，当积累到一定时刻的时候，我坚信我们一定会腾飞而起，走向成功。

经过近二十天不断的努力，合理安排生产，准确灵活地采购，财务报表的完美无缺已不再能让我激动。战略的总体安排、对市场的准确把握、精准地打击竞争对手或合理地规避风险，躲开竞争对手的进攻才是我关注焦点。

从心底来讲，这次大赛不仅增强了我对企业管理的认识，培养了我的创新理念和动手能力，同时，也充分地培养了队友之间的团结协作能力。

一个企业要健康发展，仅仅依靠个人的力量是远远不够的，需要的是大家的不断努力和共同的协作。因此，个人之间的配合及部门之间的配合也是极为重要的。而对于我们这些有主张有想法的人来讲，做到这点确实很困难。然而经过几天的磨合，我们之间的配合也更加的默契，在遇到大的分歧时，我们站在整个团队的立场上充分地考虑，同时可以保留自己的意见，最后举手表决，寻找到一条好的有利于发展的方案。

回首过去的点点滴滴，由一个稚嫩的初学者，发展成了一个经验丰富的“沙迷”，这都离不开大赛的相伴。我们将怀着合作上路，携手同行。天高任鸟飞，海阔任鱼游！我们也许不会是展翅高飞的雄鹰，但我们只要有心灵的翅膀，我们也会像雄鹰一样展翅翱翔！我们也许没有鲸鱼一般庞大的身躯，但是我们只要有金鱼般的鲫，我们就能游历茫茫大海，游向海的另一边！

小小沙盘，我会征服你！

## 钻石团队论

天津城市职业学院　李宛豪

摘要：接触沙盘已经一年多了，从刚开始的什么都不懂，没有任何技巧，到现在的具体情况具体分析，每遇到一个问题时都会立刻想出多套解决方案，通过沙盘这个真实的企业竞争环境，自身的抗压能力，反应敏捷度也一次次的在比赛中提高。通过沙盘，我真的受益匪浅。沙盘，旨在模拟，贵在联系实际，它是一个团队的比赛，团队的整体实力决定着比赛的结果。正如现实生活中的每个企业和每个组织，它的效益是靠团队、靠整体提升的，不可能依靠某个个人能力非常强的人把效益提上去，只有所有人强了，才算真的强了。一个团队整体可是说是一个“人”，在每次比赛中，我们都非常注重团队配合，在一次次的磨炼中也有很多心得，我们的团队思想也是“人”型团队，本文将以最强团队论为中心，结合实际生活中的企业，汇总个人在沙盘练习过程中的各种心得体会。

关键词：沙盘；受益匪浅；最强团队；人；配合

### 一、引言

ERP 沙盘，是企业资源规划（Enterprise Resource Planning）沙盘的简称，在 ERP 沙盘比赛中，参赛者会经历一个从理论到实践再到理论的上升过程，把自己亲身经历的宝贵实践经验转化为全面的理论模型，通过和对手进行竞争，可以强化参赛者的管理知识、训练管理技能、全面提高参赛者的综合素质。在沙盘中是以队为单位进行参赛的，每支参赛队按职位分工分为 CEO、财务总监、营销总监、采购总监和生产总监。在比赛过程中，五个人只有同心协力，紧密配合，CEO 主舵，财务总监护航，每个成员都要以为企业获得利润为出发点，各司其职，相互配合，这样才能打败竞争对手，实现自己的目标。

### 二、最强团队论

（一）一个共同的出发点和目标

一个优秀的团队，每个成员都应该有一个共同的目标，那就是让自己经营的企业获胜，只有成员本身有这个欲望，朝着这个目标进发，才能获得最大的效果，才有可能成功。天底下只有一个方法，可以使任何一个人去做任何一件事情，那就是使人愿意去做那一件事情。纵观世界，所有在某方面有突出建树的人，他们有一个共同的出发点，就是自己是喜欢，并且有欲望去做好那件事情。一个企业怎样才能使内部保持团结，所有人甘心为企业谋福利，最可行的方法就是让他们以企业为傲，对自己、对企业有信心，愿意去投入到自己的工作中去，做好，做出色。在比赛中也是这样，所有参加沙盘比赛的人都有一种不服输的精神，都不甘心被别人超越，正是这种精神在起着作用，才出现了一支支优秀的团队，其实对于比赛，应该抱着要么第一，要么倒数第一的精神去拼一拼，破釜沉舟，放手一搏，说不定就能得到意想不到的效果。

（二）"人"型团队

在比赛过程中，团队配合是至关重要的，1+1+1+1+1>5+0+0+0+0。个人能力的显著绝对不能帮助团队获得胜利。相比较而言，五个人共同努力，各司其职，相互监督，效果必定比单干强很多。在整个比赛过程中，每个人要有明确的分工，五个职位，缺一不可。

CEO 可以说是企业的核心，就好似人的头部。CEO 需要有卓越的五官，发挥职能，坐镇企业首席。清醒的大脑，在看到市场预测和规则后，迅速定位企业发展方向，确定带领企业往正确的方向发展，能临危不乱，企业不可能一帆风顺，在遇到困难时 CEO 要冷静的做出判断，帮助企业渡过难关。敏锐的双眼，能够看到竞争环境中一切不容易注意到的细节，细节决定成败，曾经在一次比赛中有人虚晃广告，投到了不能生产的产品上，还好及时发现，不然就会多了一个空的竞争对手。灵敏的鼻子，能够快速地觉察到对手的发展动向，通过观察判断出自己发展道路上会存在的绊脚石和对手，感觉出市场的变化及时做出调整。广纳意见的耳朵，在团队产生分歧的时候，CEO 要首先站在每个人的立场上仔细听取每个人的意见，然后通过自己的观察，沉着冷静地做出最正确的判断。CEO 可以说是能力最综合的职位，对企业有着最直接的了解，企业的动向和未来发展方向在 CEO 脑子里都应该有一个大致的方向，在过程中还要起好协调作用，让每个人产生获胜的欲望，调解纠纷，做出判断，比赛中间的种种细节，SWOT 分析等，这些都是 CEO 应该注意到的。

财务总监是企业正常运营的关键，也是保证企业不破产的重要人物，就好像人的双腿。一个人想要站得稳，首先要双腿发力。精准的财务很多时候可以给企业带来预想不到的收获，在明确了自己的发展方向后，怎么有效地利用现有的资源，保证资源最大化利用，低消耗高回报，优秀的财务应该学会。财务总监应该对企业的资金流通有一个明确的分析，怎么才能降低企业的贷款利息，怎么最好的迎合 CEO 的策略，这都是财务总监应注意的。只有"这双腿"强壮有力，企业才能站得稳，才能跑得起来！

生产总监和采购总监是企业正常生产的保证，他们担任着企业生产线的管理人，生产线就是企业的命脉，他们两人就分别像是人的胳膊和血液一样。生产总监要对每个生产线的特性都很了解，什么时候该上什么线，怎么保证产能，只有产能有保证了企业才能走得更稳，发展得更快。每季能出多少产品，每条生产线的折旧、维修，产什么产品，这都是生产总监应该注意的。生产总监就是人的血液，只有原材料的合理采购才能保证生产线的正常生产，出产品，这就像是血液，从脚底出发，贯穿人的全身，保证人身体的各个机构正常运作。强劲有力的双腿（精准的财务），加上有力挥舞的双臂（强大的产能），企业这个"人"在这种情况下必定可以飞奔起来，热血沸腾，远远的甩掉对手！

营销总监是保证企业销售的关键，是"人"的"双手"。可以说前边所做的所有工作都是为了销售做铺垫。产品质量好，不如广告做得好，这句话用来形容营销总监再合适不过，看透市场，分析好对手，用最合适的广告谋取最大的利润，这就是一个优秀的营销总监需要学会的。这双手不是一成不变的，可以变风格，可以石头剪子布，有时候只是布，你看不到威胁，但是时机到的时候，他会结合自己强大的产能，挥出最有力的拳头，谁也抵挡不了。

（三）钻石配合

在比赛过程中紧密无缝的配合至关重要，每个成员都应该全身心地投入到比赛中去，一个优秀的团队不会把一项任务完全交给一个人，而是每个人都做，但是有主次，就如财务，不能完部依靠财务总监，可能她偶尔也会算错，也会大意，要抱着怀疑的态度相信每一个队友。比赛过程激烈又紧凑，这就要求团队有良好的配合，有临危不惧，沉着冷静的能力，当然，平时也要多练习、多努力。就比如在当年订货会之后，财务总监等应迅速计算出当年权益然后提供给 CEO，CEO 分析，做完决策后，要立刻分享给每一位队友，中间有什么变化一定要通知到每一个人，这个过程要衔接紧密，非常紧凑。明确的分工是为了保证一切都有秩序，怀疑地去相信就能有效地避免所谓的失误。一个人想跑得快，跳得高，就要充分发挥身体各个潜能，各个部位有良好的配合，明确一条光明的道路，在强有力的双腿下，加上有力挥舞的双臂，你一定能最快的到达终点，这时候，挥出有力的双拳，胜利就在手心了。

无坚不摧不是传说，只要有一个共同的奋斗目标，合理的“人”型团队，钻石般的配合，平时不怕艰苦的磨炼，赛前充分的准备，赛时平稳的心态，好的基本功加上一点点运气，要相信，穿过暴风雨就能见到彩虹。好的团队就要像经历过沙漠炼狱后的雄鹰一样，展翅高飞，一鼓作气，攀上珠峰，傲视群雄！超越梦想，实现自我！

## 沙盘中的成功与失败

兰州石化职业技术学院

一次赛事的奔跑，一次心灵的起航，其中有着欢呼、跳跃，必然也有许多汗滴和泪水。生活往往就是这样，会有很多的挑战和机遇等着你，其中不免会有许多困难，但有付出才会有回报，今天的付出是为了明天的成就。沙盘也是如此，无论是成功还是失败都凝结了种种心情在里面。

人生路上有这样那样的舞台，你总在寻找那片属于你的天地，去绘出绚丽，挥洒激情，成功对于每个人来说，无疑是最大的诱惑，渴望被鲜花和掌声簇拥，期待有无数的荣耀与赞美，然而茫茫尘世，悠悠岁月。有几多巍峨的丰碑？成功者，寥若晨星；失败者，似一江春水。沙盘比赛是一个竞争的舞台，无论在拼搏的背后流淌着多少汗水和泪水，结果却只有成功与失败。那少数的成功者总会得到热情的称赞，而更多的是被冷落在角落的失败者，纵使他们也曾经奋斗过，但失败的结果注定他们只能享受孤独。然而奋斗的路上谁不曾失败，失败并不可怕，可怕的是连失败的机会也没有。如果能将一部分献给成功者的鲜花献给失败者，或许这个世界上会有更多成功的曙光。

从失败中走来，再从失败中成长，想起那段日子我一直记得，每天大家追逐着太阳来到沙盘室训练，在盘前一坐就是好几个小时，忘却了时间，忘却了吃饭，若不是有人来叫也许大家也就一直这样练习着。一遍遍地操盘，一遍遍地计算，面对着电脑眼睛会时不时地打架，等练习结束也许会有这样一句玩笑：“又是一天的辐射，哦，我的青春快被辐射光了……”对于我们来说也许每天说得最多的话就是关于沙盘，有时在夜间不小心醒来时你或许会听到有人在说“啊，看我的权益……”也许你会笑，但也会有一些莫名的感动……

终于比赛的日子来了，我们顶着压力，带着大家的希望来到了比赛场地，每个队员都很紧张，虽然表面上有说有笑的，但是心里都想着自己的任务，“不许出错”，队长一再地叮嘱我们，老师们殷切的希望，同学们热情的祝福，我们的战斗不是为了自己，而是为了我们这个大集体，为了所有的训练队员，我们要告诉他们相信我们不会有错，我们不会让他们失望的。赛场气氛很紧张，大家都盘算着自己的方案，不大的场地内充满了战斗的气息，大家都是有备而来，彼此之间没有过多的交流，都在猜测着彼此的实力，彼此的方案，等待如此漫长……开赛的令声一响起，各组队员围成一团，紧张的实行着自己的方案，第一天早上，我们只打了两年，稍有些落后，中午吃饭的时候，大家都没有胃口，吃了一点就在商量方案，老师们也很紧张。中午的休息时间很短，很快就要开赛了，紧张的气氛有增无减，一天的比赛下来，感觉像过了几个世纪，当时的结果大家都不太满意，回来的路上没有人说话，气氛沉闷，朦胧间下起了小雨……第二天就是最后的冲刺了，当晚我们必须要有所方案，攻破前面的队伍，大家都在想各种方案希望明天能加把劲，最后带着美好的希望回去睡觉了。终于到了最后决战，大家都铆足了劲，使出了绝招，等待比赛结果的时候，大家都很紧张，最后我们以第二惜败“工专”，大家心情都很郁闷，很沉重，可是我们要输得有骨气，没有人流泪，我们重拾笑脸，大家互相拍照留念，毕竟这是一场难忘的比赛，难忘的经历。更为我们以后的成功奠定了基石。

通过那次比赛我明白了很多，对于所有的人来说，失败都是一本大书，不管你曾经是失败者或是成功者，只要读通了这部大书，研究透了为什么会失败，也就找到了怎样才能成功的窍门。生存需要竞争，竞争就会有失利者，高考有落榜者，求职有落聘者，经商有破产者。我们生活在大千世界，难免焦虑，也难免波折，不管失败还是成功，都不要丧失信心，丧失自我，要记住“失败并不可怕，可怕的是不敢面对失败”，所以微笑着面对失败，失败并不意味着什么，失败只表明你需更加努力。敢于面对成功的，不一定是英雄，但不敢于面对失败的，必定是一个对时间流逝而长叹的懦夫。只有面对失败，找到失败的原因，吸取上次失败的教训，你就会走向成功。总之，一个敢于面对失败的人，其实已经向成功走了一大半的路，剩下的路只能靠自己的努力去走了，最终将“英雄”变为成功的英雄。

勇于面对失败，从失败中觉醒，牢记“莫为失败找借口”，从失败的道路中做一个勇者！

# 参 考 文 献

[1] 王新玲，柯明，耿锡润．ERP 沙盘模拟学习指导书．北京：电子工业出版社，2005．
[2] 孙金凤．ERP 沙盘模拟演练教程．北京：清华大学出版社，2010．
[3] 李湘露，李宗民．ERP 沙盘模拟实战教程．中国电力出版社，2009．

# 北京大学出版社高职高专财经类规划教材书目

## 财务会计系列

| 序号 | 书　名 | 标准书号 | 主　编 | 定价 | 出版年月 |
|---|---|---|---|---|---|
| 1 | 统计学基础 | 978-7-81117-756-5 | 阮红伟 | 30 | 201101 第 2 次印刷 |
| 2 | 统计学原理 | 978-7-81117-825-8 | 廖江平 | 25 | 201111 第 3 次印刷 |
| 3 | 统计学原理 | 978-7-301-21924-9 | 吴思莹 | 36 | 201301 |
| 4 | 统计学原理与实务 | 978-7-5038-4836-0 | 姜长文 | 26 | 201007 第 5 次印刷 |
| 5 | 实用统计基础与案例 | 978-7-301-20409-2 | 黄彬红 | 35 | 201204 |
| 6 | 经济学基础 | 978-7-301-21034-5 | 陈守强 | 34 | 201301 |
| 7 | 经济法实用教程 | 978-7-81117-675-9 | 胡卫东 | 39 | 201111 第 3 次印刷 |
| 8 | 经济法原理与实务 | 978-7-5038-4846-9 | 孙晓平 | 38 | 200905 第 3 次印刷 |
| 9 | 财经法规 | 978-7-81117-885-2 | 李　萍 | 35 | 201202 第 2 次印刷 |
| 10 | 会计基本技能 | 978-7-5655-0067-1 | 高东升 | 26 | 201211 第 3 次印刷 |
| 11 | 会计基础实训 | 978-7-301-19964-0 | 刘春才 | 29 | 201201 |
| 12 | 会计基础实务 | 978-7-301-21145-8 | 刘素菊等 | 27 | 201208 |
| 13 | 企业会计基础 | 978-7-301-20460-3 | 徐炳炎 | 33 | 201204 |
| 14 | 基础会计 | 978-7-5655-0062-6 | 常　美 | 28 | 201008 |
| 15 | 基础会计教程 | 978-7-81117-753-4 | 侯　颖 | 30 | 200907 |
| 16 | 基础会计教程与实训 | 978-7-5038-4845-2 | 李　洁 | 28 | 201008 第 5 次印刷 |
| 17 | 基础会计教程与实训（第 2 版） | 978-7-301-16075-6 | 李　洁 | 30 | 201301 第 2 次印刷 |
| 18 | 基础会计实训教程 | 978-7-5038-5017-2 | 王桂梅 | 20 | 201106 第 3 次印刷 |
| 19 | 基础会计原理与实务 | 978-7-5038-4849-0 | 侯旭华 | 28 | 200908 第 3 次印刷 |
| 20 | 财务管理 | 978-7-5655-0328-3 | 翟其红 | 29 | 201107 |
| 21 | 财务活动管理 | 978-7-5655-0162-3 | 石兰东 | 26 | 201301 第 2 次印刷 |
| 22 | 财务管理教程与实训 | 978-7-5038-4837-7 | 张　红 | 37 | 200911 第 3 次印刷 |
| 23 | 财务会计 | 978-7-5655-0117-3 | 张双兰 | 40 | 201101 |
| 24 | 财务会计（第 2 版） | 978-7-81117-975-6 | 李　哲 | 32 | 201003 |
| 25 | 财务会计 | 978-7-301-20951-6 | 张严心等 | 32 | 201208 |
| 26 | 财务会计实用教程 | 978-7-5038-5027-1 | 丁增稳 | 36 | 200805 |
| 27 | 财务会计实务 | 978-7-301-22005-4 | 管玲芳 | 36 | 201301 |
| 28 | 财务管理 | 978-7-301-17843-0 | 林　琳 | 35 | 201301 第 2 次印刷 |
| 29 | Excel 财务管理应用 | 978-7-5655-0358-0 | 陈立稳 | 33 | 201108 |
| 30 | 中小企业财务管理教程 | 978-7-301-19936-7 | 周　兵 | 28 | 201201 |
| 31 | 财务管理实务教程 | 978-7-301-21945-4 | 包忠明等 | 30 | 201302 |
| 32 | 成本会计 | 978-7-5655-0130-2 | 陈东领 | 25 | 201101 |
| 33 | 成本会计 | 978-7-81117-592-9 | 李桂梅 | 28 | 201207 第 3 次印刷 |
| 34 | 成本会计实训教程 | 978-7-81117-542-4 | 贺英莲 | 23 | 201101 第 3 次印刷 |
| 35 | 成本费用核算 | 978-7-5655-0165-4 | 王　磊 | 27 | 201211 第 2 次印刷 |
| 36 | 成本会计 | 978-7-301-19409-6 | 徐亚明 | 24 | 201211 第 2 次印刷 |
| 37 | 成本会计实务 | 978-7-301-19308-2 | 王书果 | 36 | 201108 |
| 38 | 成本会计 | 978-7-301-21561-6 | 潘素琼 | 27 | 201301 |
| 39 | 审计业务操作 | 978-7-5655-0171-5 | 涂申清 | 30 | 201301 第 2 次印刷 |
| 40 | 审计业务操作全程实训教程 | 978-7-5655-0259-0 | 涂申清 | 26 | 201204 第 2 次印刷 |
| 41 | 审计学原理与实务 | 978-7-5038-4843-8 | 马西牛 | 32 | 201007 第 2 次印刷 |
| 42 | 税务会计实用教程 | 978-7-5038-4848-3 | 李克桥 | 37 | 200808 第 2 次印刷 |
| 43 | 涉税业务核算 | 978-7-301-18287-1 | 周常青 | 29 | 201101 |
| 44 | 企业纳税实务 | 978-7-5655-0188-3 | 司宇佳 | 25 | 201101 |
| 45 | 企业纳税与筹划实务 | 978-7-301-20193-0 | 郭武燕 | 38 | 201203 |
| 46 | 纳税申报与筹划 | 978-7-301-20921-9 | 李英艳等 | 38 | 201207 |
| 47 | 企业纳税计算与申报 | 978-7-301-21327-8 | 傅凤阳 | 30 | 201210 |

| 序号 | 书　名 | 标准书号 | 主　编 | 定价 | 出版年月 |
| --- | --- | --- | --- | --- | --- |
| 48 | 会计电算化实用教程 | 978-7-5038-4853-7 | 张耀武 | 28 | 200802 |
| 49 | 会计电算化实用教程（第 2 版） | 978-7-301-09400-6 | 刘东辉 | 20 | 200806 |
| 50 | 电算会计综合实习 | 978-7-301-21096-3 | 陈立稳等 | 38 | 201208 |
| 51 | 会计电算化项目教程 | 978-7-301-22104-4 | 亓文会 | 34 | 201303 |
| 52 | 会计英语 | 978-7-5038-5012-7 | 杨　洪 | 28 | 200908 第 2 次印刷 |
| 53 | 财经英语阅读 | 978-7-81117-952-1 | 朱　琳 | 29 | 201301 第 3 次印刷 |
| 54 | 行业特殊业务核算 | 978-7-301-18204-8 | 余　浩 | 30 | 201101 |
| 55 | 预算会计 | 978-7-301-20440-5 | 冯　萍 | 39 | 201205 |
| 56 | Excel 在财务和管理中的应用 | 978-7-301-22264-5 | 陈跃安等 | 33 | 201303 |

## 经济贸易系列

| 序号 | 书　名 | 标准书号 | 主　编 | 定价 | 出版年月 |
| --- | --- | --- | --- | --- | --- |
| 1 | 资产评估 | 978-7-81117-645-2 | 董亚红 | 40 | 201107 第 2 次印刷 |
| 2 | 国际结算 | 978-7-81117-842-5 | 黎国英 | 25 | 201207 第 2 次印刷 |
| 3 | 国际结算 | 978-7-5038-4844-5 | 徐新伟 | 32 | 200907 第 2 次印刷 |
| 4 | 国际贸易结算 | 978-7-301-20980-6 | 罗俊勤 | 31 | 201207 |
| 5 | 货币银行学 | 978-7-5038-4838-4 | 曹　艺 | 28 | 201206 第 4 次印刷 |
| 6 | 货币银行学 | 978-7-301-21181-6 | 王　菲等 | 37 | 201209 |
| 7 | 国际金融基础与实务 | 978-7-5038-4839-1 | 冷丽莲 | 33 | 200708 |
| 8 | 国际金融 | 978-7-301-21097-0 | 张艳清 | 26 | 201208 |
| 9 | 国际金融实务 | 978-7-301-21813-6 | 付玉丹 | 36 | 201301 |
| 10 | 国际贸易概论 | 978-7-81117-841-8 | 黎国英 | 28 | 201204 第 4 次印刷 |
| 11 | 国际贸易理论与实务 | 978-7-5038-4852-0 | 程敏然 | 40 | 200708 |
| 12 | 国际贸易实务 | 978-7-301-19393-8 | 李湘滇 | 34 | 201108 |
| 13 | 国际贸易实务操作 | 978-7-301-19962-6 | 王言炉 | 37 | 201201 |
| 14 | 国际贸易实务 | 978-7-301-20929-5 | 夏新燕 | 30 | 201208 |
| 15 | 国际贸易实务 | 978-7-301-20192-3 | 刘　慧等 | 25 | 201305 第 2 次印刷 |
| 16 | 国际贸易实务 | 978-7-301-16838-7 | 尚　洁等 | 26 | 201208 |
| 17 | 国际商务谈判 | 978-7-81117-532-5 | 卞桂英 | 33 | 201001 第 2 次印刷 |
| 18 | 国际商务谈判（第 2 版） | 978-7-301-19705-9 | 刘金波 | 35 | 201112 |
| 19 | 国际商法实用教程 | 978-7-5655-0060-2 | 聂红梅 | 35 | 201204 第 2 次印刷 |
| 20 | 进出口贸易实务 | 978-7-5038-4842-1 | 周学明 | 30 | 200805 第 2 次印刷 |
| 21 | 金融英语 | 978-7-81117-537-0 | 刘　娣 | 24 | 201009 第 3 次印刷 |
| 22 | 财政基础与实务 | 978-7-5038-4840-7 | 才凤玲 | 34 | 201001 第 2 次印刷 |
| 23 | 财政与金融 | 978-7-5038-4856-8 | 谢利人 | 37 | 200808 第 2 次印刷 |
| 24 | 外贸单证 | 978-7-301-17417-3 | 程文吉 | 28 | 201109 |
| 25 | 新编外贸单证实务 | 978-7-301-21048-2 | 柳国华 | 30 | 201208 |
| 26 | 国际商务单证 | 978-7-301-20974-5 | 刘　慧等 | 29 | 201207 |
| 27 | 商务英语学习情境教程 | 978-7-301-18626-8 | 孙晓娟 | 27 | 201109 |
| 28 | 国际投资 | 978-7-301-21041-3 | 高田歌 | 33 | 201208 |
| 29 | 商业银行会计实务 | 978-7-301-21132-8 | 王启姣 | 35 | 201208 |
| 30 | 商业银行经营管理 | 978-7-301-21294-3 | 胡良琼等 | 27 | 201209 |
| 31 | 保险实务 | 978-7-301-20952-3 | 朱丽莎 | 30 | 201208 |
| 32 | 国际市场营销项目教程 | 978-7-301-21724-5 | 李湘滇 | 38 | 201301 |
| 33 | 报关实务 | 978-7-301-21987-4 | 董章清等 | 35 | 201301 |
| 34 | 报关与报检实务 | 978-7-301-16612-3 | 农晓丹 | 37 | 201303 |
| 35 | 报检报关业务：认知与操作 | 978-7-301-21886-0 | 姜　维 | 38 | 201301 |
| 36 | 外贸英语函电 | 978-7-301-21847-1 | 倪　华 | 28 | 201301 |
| 37 | 经济学基础 | 978-7-301-22536-3 | 王　平 | 32 | 201306 |
| 38 | 国际海上货运代理实务 | 978-7-301-22629-2 | 肖　旭 | 27 | 201306 |

## 营销管理系列

| 序号 | 书　名 | 标准书号 | 主　编 | 定价 | 出版年月 |
| --- | --- | --- | --- | --- | --- |
| 1 | 电子商务实用教程 | 978-7-301-18513-1 | 卢忠敏 | 33 | 201211 第 2 次印刷 |

| 序号 | 书　名 | 标准书号 | 主　编 | 定价 | 出版年月 |
| --- | --- | --- | --- | --- | --- |
| 2 | 网络营销理论与实务 | 978-7-5655-0039-8 | 宋沛军 | 32 | 201112 第 2 次印刷 |
| 3 | 电子商务项目式教程 | 978-7-301-20976-9 | 胡　雷 | 25 | 201208 |
| 4 | 电子商务英语 | 978-7-301-17603-0 | 陈晓鸣 | 22 | 201111 第 2 次印刷 |
| 5 | 市场营销学 | 978-7-5038-4859-9 | 李世宗 | 28 | 200807 第 2 次印刷 |
| 6 | 市场营销 | 978-7-81117-957-6 | 钟立群 | 33 | 201207 第 2 次印刷 |
| 7 | 市场调查与预测 | 978-7-5655-0252-1 | 徐　林 | 27 | 201105 |
| 8 | 市场调查与预测 | 978-7-301-19904-6 | 熊衍红 | 31 | 201112 |
| 9 | 市场营销理论与实训 | 978-7-5655-0316-0 | 路　娟 | 27 | 201107 |
| 10 | 市场营销项目驱动教程 | 978-7-301-20750-5 | 肖　飞 | 34 | 201206 |
| 11 | 市场调查与预测情景教程 | 978-7-301-21510-4 | 王生云 | 36 | 201301 |
| 12 | 市场调研案例教程 | 978-7-81117-570-7 | 周宏敏 | 25 | 201101 第 2 次印刷 |
| 13 | 营销策划技术 | 978-7-81117-541-7 | 方志坚 | 26 | 201012 第 2 次印刷 |
| 14 | 营销策划 | 978-7-301-20608-9 | 许建民 | 37 | 201205 |
| 15 | 现代推销技术 | 978-7-301-20088-9 | 尤凤翔等 | 32 | 201202 |
| 16 | 推销与洽谈 | 978-7-301-21278-3 | 岳贤平 | 25 | 201009 |
| 17 | 商务沟通实务 | 978-7-301-18312-0 | 郑兰先 | 31 | 201112 第 2 次印刷 |
| 18 | 商务礼仪 | 978-7-5655-0176-0 | 金丽娟 | 29 | 201207 第 2 次印刷 |
| 19 | 商务礼仪 | 978-7-81117-831-9 | 李　巍 | 33 | 201205 第 3 次印刷 |
| 20 | 现代商务礼仪 | 978-7-81117-855-5 | 覃常员 | 24 | 201206 第 3 次印刷 |
| 21 | 商务谈判 | 978-7-5038-4850-6 | 范银萍 | 32 | 200908 第 2 次印刷 |
| 22 | 商务谈判 | 978-7-301-20543-3 | 尤凤翔等 | 26 | 201205 |
| 23 | 职场沟通实务 | 978-7-301-16175-3 | 吕宏程 | 30 | 201208 |
| 24 | 管理学基础 | 978-7-81117-974-3 | 李蔚田 | 34 | 201204 第 3 次印刷 |
| 25 | 管理学原理 | 978-7-5038-4841-4 | 季　辉 | 26 | 201007 第 3 次印刷 |
| 26 | 管理学原理与应用 | 978-7-5655-0065-7 | 秦　虹 | 27 | 201207 第 2 次印刷 |
| 27 | 管理学实务教程 | 978-7-301-21324-7 | 杨清华 | 33 | 201301 |
| 28 | 企业管理 | 978-7-5038-4858-2 | 张　亚 | 34 | 201007 第 3 次印刷 |
| 29 | 现代企业管理 | 978-7-81117-806-7 | 于翠华 | 38 | 200908 |
| 30 | 现代企业管理 | 978-7-301-19687-8 | 刘　磊 | 32 | 201301 第 3 次印刷 |
| 31 | 通用管理实务 | 978-7-81117-829-6 | 叶　萍 | 39 | 201101 第 2 次印刷 |
| 32 | 中小企业管理 | 978-7-81117-529-5 | 吕宏程 | 35 | 201108 第 4 次印刷 |
| 33 | 中小企业管理（第 2 版） | 978-7-301-21124-3 | 吕宏程 | 39 | 201305 第 2 次印刷 |
| 34 | 企业管理实务 | 978-7-301-20657-7 | 关善勇 | 28 | 201205 |
| 35 | 连锁经营与管理 | 978-7-5655-0019-0 | 宋之苓 | 37 | 201208 第 3 次印刷 |
| 36 | 企业经营管理模拟训练（含记录手册） | 978-7-301-21033-8 | 叶　萍等 | 29 | 201208 |
| 37 | 企业经营 ERP 沙盘实训教程 | 978-7-301-21723-8 | 葛颖波 | 29 | 201301 |
| 38 | 管理信息系统 | 978-7-81117-802-9 | 刘　宇 | 30 | 200907 |
| 39 | 现代公共关系原理与实务 | 978-7-5038-4835-3 | 张美清 | 25 | 201003 第 2 次印刷 |
| 40 | 公共关系实务 | 978-7-301-20096-4 | 李　东等 | 32 | 201202 |
| 41 | 人力资源管理 | 978-7-5038-4851-3 | 李蔚田 | 40 | 200802 |
| 42 | 人力资源管理实务 | 978-7-301-19096-8 | 赵国忻 | 30 | 201107 |
| 43 | 消费心理学 | 978-7-81117-661-2 | 臧良运 | 31 | 201205 第 5 次印刷 |
| 44 | 消费心理与行为分析 | 978-7-301-19887-2 | 王水清 | 30 | 201305 第 2 次印刷 |
| 45 | 广告原理与实务 | 978-7-5038-4847-6 | 郑小兰 | 32 | 201007 第 2 次印刷 |
| 46 | 零售学 | 978-7-81117-759-6 | 陈文汉 | 33 | 201111 第 2 次印刷 |
| 47 | 商品学概论 | 978-7-5038-4855-1 | 方凤玲 | 20 | 201008 第 3 次印刷 |
| 48 | 秘书理论与实务 | 978-7-81117-590-5 | 赵志强 | 26 | 200812 |
| 49 | 广告实务 | 978-7-301-21207-3 | 夏美英 | 29 | 201209 |
| 50 | 营销渠道开发与管理 | 978-7-301-21214-1 | 王水清 | 34 | 201209 |
| 51 | 商务统计实务 | 978-7-301-21293-6 | 陈晔武 | 29 | 201209 |
| 52 | 秘书与人力资源管理 | 978-7-301-21298-1 | 肖云林等 | 25 | 201209 |

| 序号 | 书　名 | 标准书号 | 主　编 | 定价 | 出版年月 |
|---|---|---|---|---|---|
| 53 | 市场营销学 | 978-7-301- 22046-7 | 饶国霞等 | 35 | 201301 |
| 54 | 市场营销策划 | 978-7-301-22384-0 | 冯志强 | 36 | 201305 |
| 55 | 商务谈判实训 | 978-7-301-22628-5 | 夏美英 | 23 | 201306 |
| 56 | ERP 沙盘模拟实训教程 | 978-7-301-22697-1 | 钮立新 | 25 | 201307 |

## 物流管理系列

| 序号 | 书　名 | 标准书号 | 编著者 | 定价 | 出版时间 |
|---|---|---|---|---|---|
| 1 | 现代物流概论 | 978-7-81117-803-6 | 傅莉萍 | 40 | 201010 第 2 次印刷 |
| 2 | 现代物流管理 | 978-7-301-17374-9 | 申纲领 | 30 | 201205 第 2 次印刷 |
| 3 | 现代物流管理 | 978-7-5038-4854-4 | 沈　默 | 37 | 200908 第 3 第印刷 |
| 4 | 现代物流概论 | 978-7-301-20922-6 | 钮立新 | 38 | 201207 |
| 5 | 企业物流管理 | 978-7-81117-804-3 | 傅莉萍 | 32 | 201208 第 3 次印刷 |
| 6 | 物流专业英语 | 978-7-5655-0210-1 | 仲　颖 | 24 | 201205 第 2 次印刷 |
| 7 | 现代生产运作管理实务 | 978-7-301-17980-2 | 李陶然 | 39 | 201211 第 2 次印刷 |
| 8 | 物流案例与实训 | 978-7-301-17521-7 | 申纲领 | 28 | 201201 第 2 次印刷 |
| 9 | 物流市场调研 | 978-7-81117-805-0 | 覃　逢 | 22 | 201102 第 2 次印刷 |
| 10 | 物流营销管理 | 978-7-81117-949-1 | 李小叶 | 36 | 201205 第 2 次印刷 |
| 11 | 采购管理实务 | 978-7-301-17917-8 | 李方峻 | 28 | 201205 第 2 次印刷 |
| 12 | 采购实务 | 978-7-301-19314-3 | 罗振华 | 33 | 201306 第 2 次印刷 |
| 13 | 供应链管理 | 978-7-301-20639-3 | 杨　华 | 33 | 201205 |
| 14 | 采购与供应链管理实务 | 978-7-301-19968-8 | 熊　伟 | 36 | 201201 |
| 15 | 采购作业与管理实务 | 978-7-301-22035-1 | 李陶然 | 30 | 201301 |
| 16 | 仓储管理技术 | 978-7-301-17522-4 | 王　冬 | 26 | 201306 第 2 次印刷 |
| 17 | 仓储管理实务 | 978-7-301-18612-1 | 李怀湘 | 30 | 201209 第 2 次印刷 |
| 18 | 仓储与配送管理 | 978-7-81117-995-8 | 吉　亮 | 38 | 201207 第 3 次印刷 |
| 19 | 仓储与配送管理实训教程 | 978-7-81117-886-9 | 杨叶勇 | 24 | 201209 第 2 次印刷 |
| 20 | 仓储与配送管理实务 | 978-7-5038-4857-5 | 郭曙光 | 44 | 201009 第 2 次印刷 |
| 21 | 仓储与配送管理实务 | 978-7-301-20182-4 | 李陶然 | 35 | 201203 |
| 22 | 仓储与配送管理项目式教程 | 978-7-301-20656-0 | 王　瑜 | 38 | 201205 |
| 23 | 仓储配送技术与实务 | 978-7-301-22673-5 | 张建奇 | 38 | 201307 |
| 24 | 物流运输管理 | 978-7-301-17506-4 | 申纲领 | 29 | 201109 第 2 次印刷 |
| 25 | 物流运输实务 | 978-7-301-20286-9 | 黄　河 | 40 | 201203 |
| 26 | 运输管理项目式教程 | 978-7-301-19323-5 | 钮立新 | 30 | 201108 |
| 27 | 物流信息系统 | 978-7-81117-827-2 | 傅莉萍 | 40 | 201205 第 2 次印刷 |
| 28 | 物流信息系统案例与实训 | 978-7-81117-830-2 | 傅莉萍 | 26 | 200908 |
| 29 | 物流信息技术与应用 | 978-7-301-17212-4 | 谢金龙 | 30 | 201211 第 3 次印刷 |
| 30 | 物流成本管理 | 978-7-301-20891-5 | 傅莉萍 | 28 | 201207 |
| 31 | 第三方物流综合运营 | 978-7-301-21213-4 | 施学良 | 32 | 201209 |
| 32 | 物流市场营销 | 978-7-301-21249-3 | 张　勤 | 36 | 201209 |
| 33 | 国际货运代理实务 | 978-7-301-21968-3 | 张建奇 | 38 | 201301 |
| 34 | 物流经济地理 | 978-7-301-21963-8 | 葛颖波等 | 29 | 201301 |
| 35 | 运输组织与管理项目式教程 | 978-7-301-21946-1 | 苏玲利 | 26 | 201301 |

相关教学资源如电子课件、电子教材、习题答案等可以登录 www.pup6.com 下载或在线阅读。

扑六知识网（www.pup6.com）有海量的相关教学资源和电子教材供阅读及下载（包括北京大学出版社第六事业部的相关资源），同时欢迎您将教学课件、视频、教案、素材、习题、试卷、辅导材料、课改成果、设计作品、论文等教学资源上传到 pup6.com，与全国高校师生分享您的教学成就与经验，并可自由设定价格，知识也能创造财富。具体情况请登录网站查询。

如您需要免费纸质样书用于教学，欢迎登录第六事业部门户网（www.pup6.com）填表申请，并欢迎在线登记选题以到北京大学出版社来出版您的大作，也可下载相关表格填写后发到我们的邮箱，我们将及时与您取得联系并做好全方位的服务。

扑六知识网将打造成全国最大的教育资源共享平台，欢迎您的加入——让知识有价值，让教学无界限，让学习更轻松。

联系方式：010-62750667，sywat716@126.com（经管），lihui851085153@163.com（物流），linzhangbo@126.com，欢迎来电来信咨询。